Architektur für Basel 1990–2000

Architektur für Basel 1990–2000 Baukultur eines Kantons

Mit Beiträgen von
Ulrike Zophoniasson (Projekttexte), Bruno Chiavi, Hedy Graber, Hans-Rudolf Holliger,
Barbara Schneider, Fritz Schumacher, Werner Vetter, Friedrich Weissheimer

Hochbau- und Planungsamt Basel-Stadt
Herausgegeben von Bruno Chiavi, Fritz Schumacher, Friedrich Weissheimer

Birkhäuser – Verlag für Architektur
Basel · Boston · Berlin

Redaktion: Friedrich Weissheimer

Die Deutsche Bibliothek - CIP-Einheitsaufnahme

Architektur für Basel 1990–2000 : Baukultur eines Kantons /
Hochbau- und Planungsamt Basel-Stadt.
Mit Beitr. von Ulrike Zophoniasson ... Hrsg. von Hochbau-
und Planungsamt Basel-Stadt .... - Basel ; Boston ; Berlin :
Birkhäuser, 2001
ISBN 3-7643-6554-4

0101 deutsche buecherei

Dieses Werk ist urheberrechtlich geschützt. Die dadurch begründe-
ten Rechte, insbesondere die der Übersetzung, des Nachdrucks,
des Vortrags, der Entnahme von Abbildungen und Tabellen, der
Funksendung, der Mikroverfilmung oder der Vervielfältigung auf
anderen Wegen und der Speicherung in Datenverarbeitungsanla-
gen, bleiben, auch bei nur auszugsweiser Verwertung, vorbehalten.
Eine Vervielfältigung dieses Werkes oder von Teilen dieses Werkes
ist auch im Einzelfall nur in den Grenzen der gesetzlichen Bestimmungen des Urheberrechtsgesetzes in der jeweils geltenden Fassung zulässig. Sie ist grundsätzlich vergütungspflichtig. Zuwider-
handlungen unterliegen den Strafbestimmungen des Urheberrechts.

© Hochbau- und Planungsamt, Münsterplatz 11,
   CH-4001 Basel, Schweiz
© 2001 Birkhäuser – Verlag für Architektur, Postfach 133,
   CH-4010 Basel, Schweiz

Ein Unternehmen der Fachverlagsgruppe BertelsmannSpringer
http://www.birkhauser.ch

Gedruckt auf säurefreiem Papier, hergestellt aus chlorfrei gebleich-
tem Zellstoff. TCF ∞
Grafik und Umschlaggestaltung: Christoph Kloetzli, Basel
Printed in Germany

ISBN 3-7643-6554-4
9 8 7 6 5 4 3 2 1

INHALTSVERZEICHNIS

7 VORWORT
Barbara Schneider, Departementsvorsteherin

9 EINLEITUNG
Fritz Schumacher, Kantonsbaumeister

13 WOHNUNGSBAUTEN
15 Engagement im Wohnungsbau
Friedrich Weissheimer

18 Wohn- und Geschäftshaus Schützenmattstrasse (1991), Herzog & de Meuron
22 Kommunales Wohnhaus Müllheimerstrasse (1993), Morger & Degelo
26 Wohnsiedlung Luzernerring/Bungestrasse (1993), Michael Alder

31 SCHULBAUTEN
33 Schulreform und Schulbauten
Bruno Chiavi

36 Tagesschule Bachgraben (1994), Ackermann & Friedli
40 Dreirosen-Schulhaus (1996), Morger & Degelo
44 Ackermätteli-Schulhaus (1996), Ackermann & Friedli
48 Kaltbrunnen-Schulhaus (1996), Wymann & Selva
52 Vogesen-Schulhaus (1996), Diener & Diener
56 Leonhard-Schulhaus (1998), Burckhardt + Partner
60 Volta-Schulhaus (2000), Miller & Maranta

65 UNIVERSITÄTSBAUTEN
67 Die Universität in der Stadt
Werner Vetter

68 Institutsgebäude Engelhof (1990), Silvia Gmür mit Vischer AG
72 Anatomisches Institut (1996), Fierz & Baader
76 Pharmazentrum der Universität (1999), Andrea Roost

81 SPITÄLER UND HEIME
83 Gesundheitswesen als zentrale Dienstleistung
Werner Vetter

84 Kantonsspital Basel-Stadt – Klinikum 1 Ost (1994), Arge S. Gmür/Berger + Toffol/Nussbaumer/Suter + Suter AG
90 Spitalapotheke (1999), Herzog & de Meuron
94 Alters- und Pflegeheim Marienhaus (1996), Wilfrid und Katharina Steib
98 Alters- und Pflegeheim Kannenfeld (1997), Silvia Gmür
102 Wohnheim und Förderstätte für geistig behinderte Erwachsene (1997), Christian Dill

107 SPORTSTÄTTEN
109 Sportkultur
Bruno Chiavi

112 Sportanlage Rankhof (1995), Michael Alder
118 Sportanlage Pfaffenholz (1995), Herzog & de Meuron

123 VERWALTUNGSBAUTEN
125 Neue Räume für die Verwaltung
Hans-Rudolf Holliger

128 Untersuchungsgefängnis und Staatsanwaltschaft (1995), Wilfrid und Katharina Steib
134 Feuerwache (1999), François Fasnacht

139 KULTURBAUTEN
141 Staatliche und private Kulturförderung
Hans-Rudolf Holliger

144 Gundeldinger-Casino (1995), Architeam 4
148 Restaurant Dreiländereck (1996), Bruno Larghi & Lukas Dietschy
152 Musikmuseum (2000), Morger & Degelo

159 BAU & KUNST
161 Kunst in Staatsbauten: eine Chance für die Kunst? Hedy Graber

183 AUSBLICK
185 Interview mit Barbara Schneider und Fritz Schumacher

198 WERKVERZEICHNIS
205 FOTONACHWEIS
206 LITERATURNACHWEIS

VORWORT

Barbara Schneider
Regierungspräsidentin

Vorsteherin des
Baudepartementes
Basel-Stadt

Architektur ist in Basel zu einem wichtigen Teil der Kultur geworden. Kaum eine andere Schweizer Stadt kann mit so vielen Beispielen herausragender zeitgenössischer Architektur aufwarten. Der gute Ruf als Architekturstadt ist unter anderem auch ihrer Wettbewerbskultur zu verdanken, die seit vielen Jahren gepflegt und gefördert wird: Sie soll in Basel zu einer Achitekturplattform beitragen, einer Plattform, die Neuartiges zulässt und bei der neue Akzente geschaffen werden, ohne dass der geschichtliche, der soziale und der räumliche Kontext, in dem gebaut wird, verloren geht.

Im vorliegenden Architekturband werden staatliche Bauten dargestellt, die dieses Spannungsfeld spürbar machen. Die Architektur- und Kunstschaffenden waren zwar an die Wünsche des Auftraggebers gebunden, hatten aber trotzdem die Möglichkeit, klare Aussagen zu machen, Signale zu geben und Ideen zu formulieren. Es wurde «visioniert», es durfte ausprobiert und es musste reflektiert werden. Und nie wurden dabei rein persönliche Vorstellungen in die Realität übersetzt, sondern höherrangige Interessen berücksichtigt und respektiert. Diese Auseinandersetzung von Kunstschaffenden mit ihrem Ausführungsobjekt und seiner Umgebung ist in den dargestellten Bauten, aber auch in den Kunstwerken an und um die Bauten ablesbar. Das vorhandene Potenzial guter und qualitätsbewusster Architektinnen und Architekten wurde – auch hie und da experimentierfreudig – genutzt, so dass in Basel abwechslungsreiche, national und international ausstrahlende Architektur entstehen konnte. Sie ist Anlass für spannende und auch kontroverse Diskussionen.

Der Kanton Basel-Stadt hat künstlerischen Spielraum gewährt und dabei seine wichtige Verantwortung als Bauherr nie vernachlässigt. Er hat mit den verantwortlichen Fachleuten stets darauf geachtet, dass Architektur nicht als Selbstzweck für sich alleine betrachtet wird. Vielmehr gilt der Grundsatz, dass nicht nur mit, sondern insbesondere für die Menschen geplant und gebaut wird. Auf diesen wichtigen Grundsatz weist jedes Kapitel in diesem Buch mit einem Bild hin, das Menschen als Nutzer dieser Architektur zeigt.

EINLEITUNG

Fritz Schumacher
Kantonsbaumeister

Architektur hat Konjunktur. Diesen Eindruck gewinnt man nicht nur beim Betrachten voller Regale mit Architekturzeitschriften und den vielen Angeboten für Städtereisen mit «garantiertem Architekturgenuss», sondern auch dadurch, dass Architektur als Marketingargument und Transformer für den Inhalt und Zweck von Gebäuden eingesetzt, ja sogar als Label für Konsumgüter benutzt wird. Diesem globalen Trend kann sich auch die Stadt Basel nicht entziehen, schon gar nicht angesichts der Tatsache, dass Architektur in dieser Stadt bisher eigentlich immer Konjunktur hatte.

Architektur in Basel hat Tradition. Damit sind nicht nur herausragend erhaltene und gepflegte Bauten aus dem Mittelalter und der Neuzeit, sondern vor allem das architektonische Wirken im vergangenen 20. Jahrhundert gemeint. Die Spuren der frühen und klassischen Moderne mit Beispielen von Bernoulli, Moser, Schmidt oder Salvisberg führen über Werke aus der Nachkriegszeit von Baur, Senn oder Förderer in die 90-er Jahre des 20. Jahrhunderts, denen dieses Buch gewidmet ist. Und wieder sind es international renommierte Basler Architekturbüros, die mit ihren Bauten den Ruf der Architekturstadt Basel unterstützen.

Mit der vorliegenden Publikation wird nicht nur ein Überblick über das architektonische Wirken einer Zehnjahresperiode staatlicher Bautätigkeit vermittelt, sondern auch die Kontinuität der Berichterstattung über dieses Schaffen weitergeführt. Mit dem 1988 erschienenen Buch «Bauten für Basel» hat der damalige Kantonsbaumeister Carl Fingerhuth sowohl die Bedeutung der Architektur als kulturellen Wert als auch die Unverzichtbarkeit einer eigentlichen Architekturpolitik deklariert. Ohne Zweifel ist das aktuelle Architekturschaffen in Basel ohne die in der damaligen Zeit geleistete Aufbauarbeit kaum vorstellbar. Heute bekannte Architekturbüros schufen damals im Rahmen der Nachwuchsförderung des Baudepartementes ihre ersten Bauten und waren in der Folge massgeblich an der Entwicklung der Basler Architekturszene durch weitere junge Büros beteiligt.

Bauen kann aber nie Selbstzweck sein, und somit kann Architekturkultur und eine entsprechende fördernde Politik nur dann Wirkung zeigen, wenn das Bauen als gesellschaftlicher Auftrag initiiert wird. Das kantonale Hochbau- und Planungsamt versteht seinen diesbezüglichen Auftrag in der Umsetzung verschiedenster räumlicher Bedürfnisse der öffentlichen Hand. Viele dieser Anliegen lassen sich durch Umbauen und Umnutzen bestehender Gebäude bewerkstelligen. Aber nicht alle räumlichen Erfordernisse lassen sich so erfüllen, und im Falle von Neubauten bedeutet dies in Anbetracht unserer beengten städtischen Verhältnisse eine weitere Verdichtung oder die Inanspruchnahme bisheriger Freiflächen. Dadurch werden Ansprüche und Anliegen an den Grün- und Freiraum mit seinen Erholungs-, Freizeit- und Begegnungsfunktionen ebenso tangiert wie die gestalterische und ökologische Bedeutung dieser städtischen Räume. Spätestens hier ergeht der Ruf an die Stadtplanung, in ihrer auf Ausgleich und Daseinsqualitäten ausgerichteten Wirkungsweise koordinierend und regulierend für eine gute Gesamtlösung beizutragen.

Mit dem Einsatz aufgabengerechter Planungsinstrumente, von vorbereitenden Testplanungen, Workshops, Studienaufträgen bis zu den klassischen Architekturwettbewerben, verfolgt das Hochbau- und Planungsamt mehrere Ziele: Die architektonisch beste Lösung muss auch umweltverträglich sein, den Ansprüchen der Nachhaltigkeit genügen und den optimalen Kosten- und Nutzwert garantieren. In der Verantwortung, für die Gemeinschaft zu bauen, ist die Langlebigkeit eines Bauwerks, das auch zukünftigen, sich wandelnden Bedürfnissen gerecht wird, ebenso verpflichtend wie die Relevanz jedes Gebäudes im Kollektiven der Stadt. Mit der Präsenz öffentlicher Bauten im Stadtbild gilt es, eine adäquate Wirkung zu erzielen und in der Vorbildwirkung private Investoren in ihrer Verantwortung zu unterstützen.

Auch wenn das vergangene Jahrzehnt, gekennzeichnet durch eine äusserst angespannte Finanzhaushaltslage, für die Bauwirtschaft stark rezessive Züge hatte, konnte der Kanton Basel-Stadt mit einem hohen Investitionsbudget die dringlichen baulichen Massnahmen umsetzen. Damit liess sich auch ein bedeutender Beitrag als antizyklisches Verhalten zur Unterstützung der bedrängten Bauwirtschaft erwirken.

In den folgenden Kapiteln werden exemplarisch ausgeführte Bauten dokumentiert, die in Würdigung ihrer Qualität das Ergebnis der kantonalen Architekturpolitik belegen.

Im Wohnungsbau, einem nicht expliziten Kernauftrag staatlichen Bauens, werden drei Überbauungen dokumentiert, die weit über Basel hinaus Anerkennung gefunden haben.

Ein eigentliches Schwerpunktthema in den 90-er Jahren bildet eine Vielzahl von Neu- und Umbauten für das Schulwesen. Die Basler Schulreform und steigende Schülerzahlen führten zu beachtenswerten Beiträgen im Schulhausbau. Mit der Fertigstellung des Volta-Schulhauses wurde nicht nur ein architektonischer Höhepunkt gesetzt, sondern auch die bauliche Umsetzung eines neuen pädagogischen Konzeptes ermöglicht.

Bei den Universitätsbauten sind weitere Bausteine zum Konzept der «Universitätsstadt» umgesetzt worden.

Der Neubau des Pharmazentrums bedeutet einerseits den Abschluss einer langen Planungsphase und gleichzeitig den Aufbruch in eine nächste Entwicklungsphase für Universitätsbauten auf dem frei werdenden Areal des Frauenspitals.

Die Bauten des Kantonsspitals werden für 200 Millionen Franken saniert und erweitert; dies ist das grösste Investitionsprojekt. In spannender Nachbarschaft stehen sich die Spitalapotheke von Herzog & de Meuron und der im Bau befindliche Trakt der Frauenklinik von Gmür & Vacchini gegenüber.

Mit zwei bedeutenden Anlagen für den Breitensport, der Pfaffenholzanlage im Westen der Stadt und dem Rankhof, sind architektonische Spitzenleistungen erbracht worden.

Im Bereich der Kulturbauten setzt das im ehemaligen Gefängnistrakt des Lohnhofes eingebaute Musikmuseum von Morger & Degelo neue Massstäbe.

Die Erweiterung der Feuerwache und der Neubau des Untersuchungsgefängnisses mit der Staatsanwaltschaft dokumentieren, wie hochwertige Architektur auf engstem Raum im Dialog mit der historischen Nachbarschaft Stadterneuerung ermöglicht.

Architektur und Kunst, als langjährige Tradition vom staatlichen Kunstkredit gefördert und betreut, finden trotz restriktiver Sparmassnahmen ein belebendes Miteinander. Als klare Tendenz zeichnet sich ab, dass Kunst nicht mehr als Zusatz, sondern als integraler Teil des architektonischen Werks neue Formen der Zusammenarbeit zwischen Architektur- und Kunstschaffenden fördert.

Der unbestritten hohe Stellenwert architektonischer Qualität von Einzelbauten im Stadtbild wird durch eine deutliche Verschiebung der Aufmerksamkeit auf den öffentlichen Raum, also das Kollektive der Stadt, nicht geschmälert, aber in einen neuen Kontext gestellt. Diese Entwicklung wurde durch das Projekt «Werkstadt Basel» mit breiter Unterstützung der Bevölkerung begünstigt.

Gespannt blicken wir auf das nächste Jahrzehnt architektonischen Schaffens, in dessen Verlauf nicht nur die Stadtentwicklung, sondern auch die Qualität des Stadtbildes auf ein neues Niveau angehoben werden sollen. Von Einzelbauten dominiert, soll dieses Stadtbild gleichzeitig die Aufwertung des öffentlichen Raums widerspiegeln.

WOHNUNGSBAUTEN

Engagement im Wohnungsbau
Friedrich Weissheimer

Wohn- und Geschäftshaus Schützenmattstrasse
Kommunales Wohnhaus Müllheimerstrasse
Wohnsiedlung Luzernerring / Bungestrasse

ENGAGEMENT IM WOHNUNGSBAU

Friedrich Weissheimer

Die Erstellung von Wohnbauten war während langer Zeit in Basel keine zentrale Aufgabe des Staates mehr. Erst in jüngster Zeit, vor allem bedingt durch die starke Abwanderungstendenz der Bevölkerung ins Umland, wurde der Kantonsregierung bewusst, dass die Befriedigung der Bedürfnisse der Wohnbevölkerung wieder im Vordergrund stehen muss, wenn verhindert werden soll, dass der Stadtkanton an Bedeutung verliert. Aus der Erkenntnis heraus, dass nicht alles dem freien Spiel der Marktkräfte überlassen werden kann, wurde 1997 das «Aktionsprogramm Stadtentwicklung» – auch «Werkstadt Basel» genannt – ins Leben gerufen, das neben der Aufwertung des Stadtraums gleichermassen die Verbesserung der Wohnsituation zum Ziel hat. «Die Wohnungsfrage» – so im Kommissionsbericht nachzulesen – «zog sich wie ein roter Faden durch die Innovationswerkstätten, Konsenskonferenzen und interdepartementalen Arbeitsgruppen der Werkstadt Basel». Und weiter: «... Wohnungsbau ist eine zentrale Massnahme, die insbesondere der langfristigen Sicherung der Steuereinnahmen von natürlichen Personen dient».

Impulsprogramm «5000 Wohnungen»

Mit dem Ziel des Impulsprogrammes, in Basel-Stadt in den nächsten 10 Jahren 5000 neue Wohnungen zu schaffen, hat sich der Kanton ein ehrgeiziges Ziel gesetzt. Diese Wohnungen sollen «an guten Lagen» bereitgestellt werden und vor allem dem Familienwohnen dienen. Dass dies im flächenarmen Stadtkanton nicht leicht sein wird, liegt auf der Hand. Viel Phantasie und die Bereitschaft zu unkonventionellen Lösungen sind dafür nötig. Die mit der Wohnbauförderung betrauten Ämter – die Zentralstelle für staatlichen Liegenschaftsverkehr und das Hochbau- und Planungsamt – gehen dabei mit ganz unterschiedlichen Strategien vor:

Das Planungsamt untersucht im ganzen Stadtgebiet noch vorhandene Freiflächen, prüft sie auf Nutzbarkeit für Wohnungsbau und leitet im positiven Fall die Zonierung ein, bereitet also die rechtlichen Voraussetzungen für die Bebaubarkeit vor. Die Zentrale Liegenschaftsverwaltung des Kantons, die einen grossen Wohnbautenbestand verwaltet, sucht ihrerseits nach Möglichkeiten, eine Politik der Umwidmung von Verwaltungs- und Bürobauten zu Wohnungen in Gang zu setzen. Dies kann vor allem in den sehr gefragten Innerstadtlagen und in Rheinnähe gelingen. Aber auch über den Kauf von Mehrfamilienhäusern und die Umstrukturierung von Klein- zu Familienwohnungen lassen sich im wichtigen Segment der Grosswohnungen eine Verbesserung und Vermehrung des Angebots erreichen.

«Logis Bâle»

Unterstützt werden die Bemühungen der staatlichen Ämter besonders in Hinsicht auf die Mobilisierung von privaten Investoren von einer eigens eingerichteten «Task Force Wohnen», heute «Logis Bâle» genannt. Ihre Hauptaufgaben sind:
– die systematische Prüfung von Optionen zur Reurbanisierung von frei werdenden Industrie- und Bahnarealen sowie Büro- und Gewerbeflächen;
– die Vorbereitung und Durchführung aller nötigen Schritte, um geeignete Areale dem Wohnungsbau zuzuführen;
– die Förderung der Umwandlung frei werdender Büro- und Gewerbeflächen in Wohnungen, respektive die Entwicklung von Anreizprogrammen für freiwillige Rückwandlungen;
– die Förderung der Zusammenlegung von Kleinwohnungen und Steigerung der Qualität von Staatswohnungen;
– die Unterstützung der Massnahmen zur Wohnumfeldaufwertung.

Bauherrschaft

In der heutigen, renditeorientierten Zeit sind private Engagements im Wohnungsbau keine Selbstverständlichkeit mehr, was die Fördermassnahmen des Staates rechtfertigt. Entscheidender Faktor wird der Wille zu entsprechenden Investitionen sein. Immerhin gibt es in Basel bedeutende, dem Allgemeinwohl verpflichtete Institutionen, wie die Christoph Merian Stiftung und private wie staatliche Pensionskassen. Hervorzuheben ist hier etwa die Pensionkasse des Staatspersonals Basel-Stadt, die systematisch in den Wohnungsbau investiert.

Mit Neubauten allein wird das Ziel der Vermehrung des Wohnangebots jedoch nicht zu lösen sein, denn die notwendigen Flächen lassen sich innerhalb der engen Basler Kantonsgrenzen nicht schaffen und Erweiterungen ins Umland sind im Gegensatz zu anderen Städten nicht möglich. Somit bleibt zum Erhalt des «Steuersubstrats» nur die permanente Hinterfragung, Erneuerung, Umnutzung und Verdichtung der bestehenden Gebäudesubstanz. Dieser ständige Optimierungsprozess dürfte – nebenbei bemerkt – auch einer der Gründe für die spezielle Ausprägung der Basler Architektur sein.

Aussichten für den Wohnungsbau

Eine interdepartementale Arbeitsgruppe «Wohnraum» kam bei Abklärungen über mögliche Wohnbaukapazitäten zu folgendem Ergebnis:
– Areale mit unmittelbarer staatlicher Einflussmöglichkeit lassen in den nächsten fünf Jahren die Neuschaffung von bis zu 1500 Wohnungen möglich erscheinen;
– Die Bereitstellung weiterer Areale für 3700 Wohneinheiten erfordert Ein- und Umzonungen, Zeitbedarf: 5–15 Jahre;
– Wohnbaupotenziale im privaten Einflussbereich wurden auf rund 650 Wohneinheiten geschätzt, was teilweise auch die Umnutzung bestehender Gewerbebetriebe einschliesst
(Aktionsprogramm Stadtentwicklung Basel, Ergebnisbericht Wohnungsbau/14.03.01).

Beispiele

Immer wieder entstanden in Basel interessante Wohnprojekte. Erinnert sei hier an die Wohnsiedlung Wiesengarten von Wilfrid & Katharina Steib (1986), das Wohn- und Bürohaus Schwitter von Herzog & de Meuron (1988) und an die Überbauung des Bertramareals von Erny, Gramelsbacher, Schneider. Unmittelbar vor der Dekade, der dieses Buch gewidmet ist, wurde im Auftrag des Kantons 1989 ein anderes Projekt fertiggestellt, das beispielhaft den phantasievollen Umgang mit Baulandreserven in der neueren Wohnungsbauentwicklung der 90-er Jahre verdeutlicht: der Holzbau in der Hebelstrasse von Herzog & de Meuron. Wie ein Möbel schiebt sich das Gebäude in den begrenzten Raum eines Hinterhofs und wirkt dabei eher bereichernd als einengend. Ein weiterer Blickfang der gleichen Planer ist die Baulückenschliessung in der Schützenmattstrasse: Jahrelang machte jede Architekturführung vor diesem Bau Halt, bevorzugt in den Abendstunden, wenn die «Kanaldeckeljalousien» wie Scherenschnitte wahrnehmbar sind.

In Kleinbasel entstand im Auftrag des Kantons an Stelle eines abgebrochenen Gebäudes ein experimenteller Wohnungsneubau von Morger & Degelo, und am Luzernerring ging aus fünf parallelen Wettbewerben des Hochbau- und Planungsamtes eine grosse, differenzierte Wohnüberbauung hervor, aus der das 200 Meter lange Gebäude von Michael Alder hervorsticht. Wohnungen, die in den Räumen des ehemaligen Untersuchungsgefängnisses Lohnhof entstanden, mussten nicht lange auf Käufer warten. Demnächst wird in der Martinsgasse im Herzen der Altstadt der ehemalige Sitz der Altersversicherung in Wohnungen umgebaut, und im direkt am Rhein gelegenen ehemaligen Sitz des Erziehungs- und Kulturdepartementes wird mit privaten Mitteln Wohnraum geschaffen. Verschiedene staatliche Wohnbauwettbewerbe, die Investitionen Privater initiieren sollen, sind in Bearbeitung.

Wohnungsbau verlangt andere Kriterien als die übrige Architektur. Regionale Ausprägungen, Präferenzen und Bedürfnisse müssen erkannt und sinngemäss umgesetzt werden. Es handelt sich hier um einen besonders sensiblen Bereich des Bauens, und der Kanton als Auftraggeber muss sich dieser Situation bewusst sein, will er nicht am Bedarf vorbeiplanen. Die wichtigsten grösseren öffentlichen Wohnungsbauten der 90-er Jahre, die durch den Kanton ausgelöst oder begleitet wurden, belegen die hohe Qualität des Erreichten, an die im neuen Jahrzehnt angeschlossen werden muss:

- 1991: Im Davidsboden (155 Wohneinheiten). Architekten: Erny, Gramelsbacher, Schneider; Bauherrschaft: Christoph Merian Stiftung und Helvetia Patria Versicherung;
- 1993: Luzernerring, (300 Wohneinheiten). Architekten: Michael Alder und Partner; Erny, Gramelsbacher, Schneider; Ernst Spycher, Jura Oplatek; Bauherrschaft: Pensionskasse Basel und Private;
- 1993: Kommunales Wohnhaus Müllheimerstrasse (26 Wohneinheiten). Architekten: Morger & Degelo; Bauherrschaft: Kanton Basel-Stadt;
- 1996: Klybeckstrasse (29 Wohneinheiten). Architekten: Morger & Degelo; Bauherrschaft: Kanton Basel-Stadt;
- 1996: Markgräflerstrasse (20 Wohneinheiten und 20 Alterswohnungen). Architekten: Wilfrid und Katharina Steib; Bauherrschaft: Ökumenische Stiftung Horburg;
- 1996: Wohnanlage Burgfelder/Waldighoferstrasse (102 Wohneinheiten). Architekten: Archi-Co; Bauherrschaft: Kanton Basel-Stadt;
- 1999: Schönaustrasse (163 Wohneinheiten). Architekten: Proplaning; Bauherrschaft: Pensionskasse Basel;
- 2000: Rheinacker (190 Wohneinheiten), Sanierungsplanung: RAPP AG.

Wohnungsbau **Wohn- und Geschäftshaus Schützenmattstrasse**

Standort Schützenmattstrasse 11   **Bauaufgabe** Neubebauung einer Altstadtparzelle   **Architekten** Herzog & de Meuron, Basel
Projektdaten Wettbewerb 1984/85, Ausführung 1992–93   **Gesamtinvestition** 2,1 Mio. CHF

Belle de nuit

Der vordere Bereich der heutigen Schützenmattstrasse liegt im Perimeter der mittelalterlichen Stadt zwischen der inneren und der äusseren Stadtmauer. Nach deren Schleifung und der Aufschüttung der Gräben legte sich ab Ende des 19. Jahrhunderts ein neuer Bebauungsgürtel um die Altstadt. Wie alle peripheren Bereiche geriet auch der Strassenraum der früheren Fröschgasse durch diese neue Nachbarschaft unter Druck: Die Altstadthäuser mussten hier Schritt um Schritt höheren Neubauten weichen.

Dieser Wandel wird am Bauplatz unmittelbar greifbar: Zwischen dem stattlichen Wohn- und Geschäftshaus aus der Zeit der Wende vom 19. zum 20. Jahrhundert und einem sachlichen Bau der 70-er Jahre erinnerte nurmehr die typische, mittelalterliche Parzellenform und ein remisenartiges Relikt an die ursprüngliche Bebauungsstruktur. Sein Ersatz durch einen Neubau schliesst hier eine unschöne Lücke und gibt dem Strassenraum eine festere Fassung.

Der architektonische Entwurf geht dabei von der Parzellenform aus: Die zum Teil historischen Brandmauern blieben als Aussenwände erhalten, zwischen die sechs Stahlbetondecken eingespannt wurden. Die ersten zwei Geschosse sind entsprechend ihrer Laden-Nutzung als leere Hüllen konzipiert. Neben dem Verkaufsraum mit Galeriegeschoss ist über die ganze Parzellentiefe ein schmaler Korridor ausgespart, der mit seinen imposanten Massen die Besonderheit dieses nur 6,30 m breiten, aber 26 m tiefen Grundstücks erlebbar macht. Er mündet in eine rückwärtige Freitreppe, die die Wohnungen erschliesst. Der Lift ist in einem zweiten, inneren Erschliessungskern untergebracht.

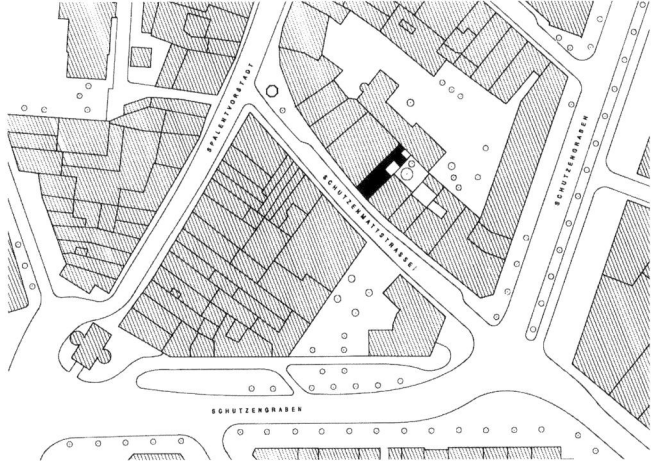

19

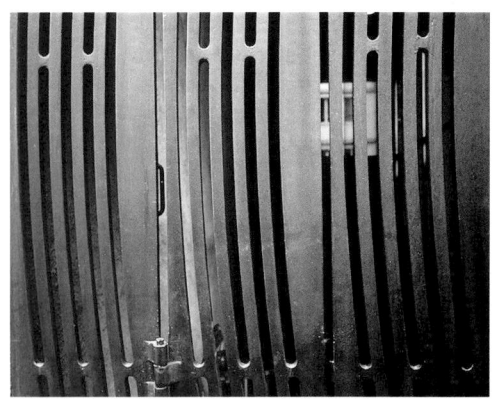

Mit dieser Auslagerung des Treppenhauses entsteht Raum für einen internen Lichthof: Da das jüngere Nachbarhaus nur 15 m tief ist, wird das Gebäude an dieser Stelle so zurückversetzt, dass es sich zum angrenzenden Hinterhof öffnet. Mit den kleinen Loggien der Freitreppe, dieser Öffnung in der Mitte und den geschosshoch verglasten Räumen zur Strasse sind die Wohnungen damit trotz ihrer Tiefe von drei Seiten gut belichtet.

Wer sich der Stadt so weit öffnet, braucht Schutz vor Einblicken: Dafür sorgen schwere, gusseiserne Faltläden, die sich wie Vorhänge vor die transparente Strassenfront ziehen lassen. Sie erinnern in Muster und Material an die hiesigen Kanalabdeckungen. Dieser markante Sichtschutz verleiht dem kleinen Zwischenbau das nötige Gewicht, um neben der heterogenen Nachbarschaft zu bestehen, und thematisiert als Reminiszenz an islamische Gitterelemente die Schnittstelle zwischen Öffentlich und Privat: Wie ein Theatervorhang trennt er die Bereiche und lässt je nach Bedarf mal den Strassenraum, mal den Wohnbereich zu Bühne oder Zuschauerraum werden.

Was tagsüber zwischen den kompakten Fassaden der Nachbarn kaum wahrnehmbar ist, erwacht in der Nacht zum strahlenden Mittelpunkt: Wenn sich die Strasse leert und in den Wohnräumen das Licht angeht, wandelt sich der schwere Vorhang zur wehenden Gardine, und das Haus wird zum Leuchtkörper, der mit seinem warmen Licht den Stadtraum belebt.

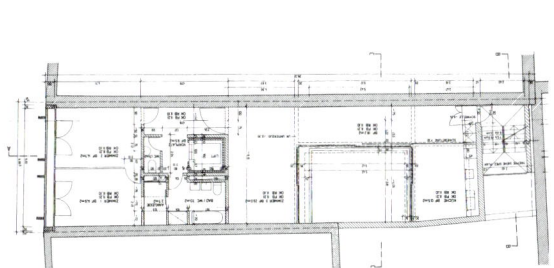
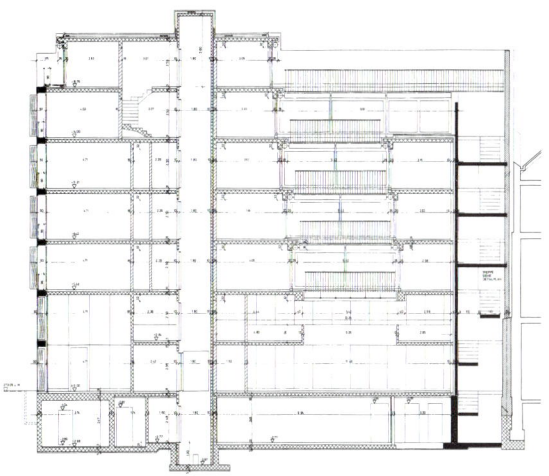

Wohnungsbau **Kommunales Wohnhaus Müllheimerstrasse**

Standort Müllheimerstrasse 138–140   **Bauaufgabe** Wohnhaus mit 26 Familienwohnungen und Doppelkindergarten   **Architekten** Morger & Degelo, Basel
Projektdaten Wettbewerb 1989 (Morger, Degelo, Prêtre), Ausführung 1991–93   **Gesamtinvestition** 10,7 Mio. CHF

Die Stadt und ihre Grammatik

Das Matthäusquartier wurde Ende des 19. Jahrhunderts im Zuge der Industrialisierung als dichtes Arbeiterwohnquartier erschlossen. Es ist in seiner Grundstruktur als Blockrandbebauung konzipiert. Dabei wurden die Teile immer wieder den sich wandelnden Bedürfnissen angepasst, so dass das ursprüngliche Bild heute oft nurmehr als Fragment erhalten ist. Im Geviert zwischen Müllheimerstrasse, Amerbachstrasse, Hammerstrasse und Bläsiring hinterliess auch der Wandel der städtebaulichen Leitbilder seine deutlichen Spuren. Hier stossen von Norden her rechtwinklig zur Amerbachstrasse drei jüngere Zeilenbauten in das Areal: Die «steinerne Stadt» des 19. Jahrhunderts trifft auf die «grüne Stadt» der späten 40-er Jahre.

Diese Wohnblocks ersetzten die Bauten einer ehemaligen Brauerei, deren Keller während des Krieges teilweise für Luftschutzzwecke genutzt wurden. Die westlichste, 6 m von der Müllheimerstrasse zurückversetzte Zeile stand dabei ganz auf diesem Kellerbereich und musste 40 Jahre später ersetzt werden, da die Fundierung nicht mehr die nötige Sicherheit bot.

In dieser ambivalenten Situation präsentiert sich der Neubau als ein «Sowohl-als-auch»: Der neue Riegel wurde an die Müllheimerstrasse vorgeschoben, setzt hier bündig an ein neueres Element der alten Blockrandbebauung an und führt diese Struktur mit einer gleichwertig gestalteten Stirnfassade und einem eingeschossigen Seitentrakt für zwei Kindergärten um die Ecke bis an das zweite Element der Zeilenbebauung an der Amerbachstrasse. Die Erschliessung erfolgt ebenfalls, wie bei Blockrandstrukturen üblich, über zwei Eingänge von der Strasse her.

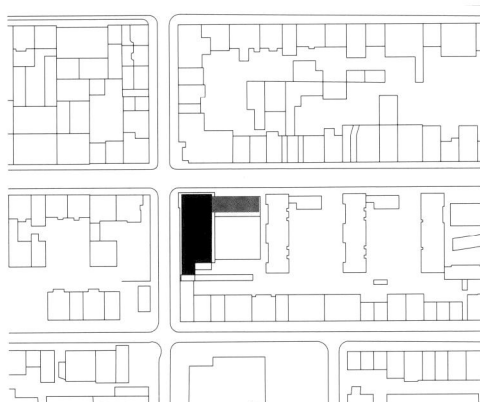

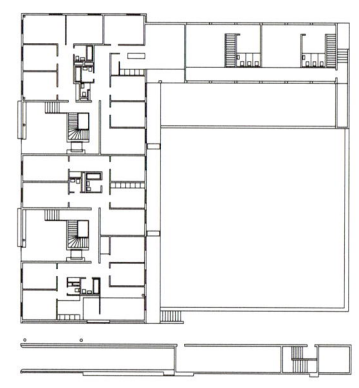
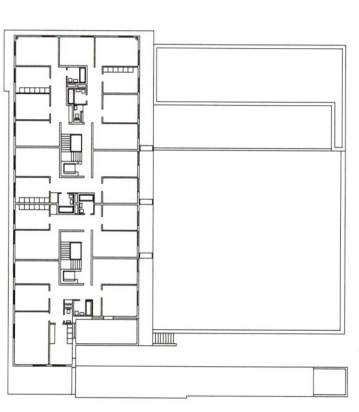
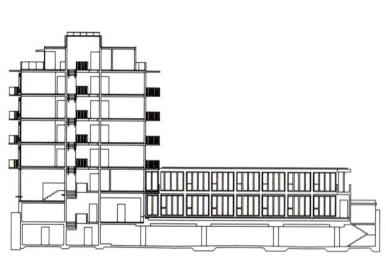

Der Neubau lässt sich aber ebenso gut auch als Fortsetzung der Zeilenbebauung lesen. Er setzt nämlich an der Müllheimerstrasse nicht mit dem eigentlichen Baukörper an das Nachbarhaus an, sondern über eine vorgelagerte Schicht durchgängiger Balkone. Diese Schicht wird um das ganze Haus gezogen. Der Bau teilt sich folglich nicht in eine Strassen- und eine Hofseite, sondern nimmt sowohl in Kubatur und Abstand wie auch über die Gleichwertigkeit der Fassaden die Sprache der rückwärtigen Zeilenbauten auf.

Das neue Wohnhaus tritt aber nicht nur als Mittler zwischen zwei bedeutenden Stadtbaustrategien der jüngeren Geschichte auf: Die in sattem Rot gestrichenen Holzpaneele der Fassade sind im konkreten Kontext neu und führen die Vielfalt und Mehrdeutigkeit der Umgebung weiter. Die nicht tragende Fassade aus vorgefertigten Bauteilen verweist dabei auf das besondere Thema dieses Gebäudes, das sich in der Beschränkung auf wenige Bauelemente und mit Wohnungen aus polyvalenten, ringförmig um eine Kernzone angeordneten Räumen als zeitgemässe Weiterführung des kommunalen Wohnungsbaus versteht.

Wohnungsbau **Wohnsiedlung Luzernerring/Bungestrasse**

Standort Bungestrasse 10–28   **Bauaufgabe** Mehrfamilienhauszeile für subventionierte Wohnungen als Teil einer Gesamtüberbauung
Architekten Michael Alder mit Partner Hanspeter Müller, Basel   **Projektdaten** Wettbewerb 1989, Ausführung 1991–93   **Gesamtinvestition** 24,4 Mio. CHF

Stadtmauer mit Aussicht

In den 60-er Jahren wurde das Gebiet westlich des Luzernerrings zwischen Burgfelderstrasse und der weitläufigen Anlage der Psychiatrischen Universitätsklinik Friedmatt den Bauzonen 3 und 4 sowie der Zone für Grünflächen zugewiesen. Geplant war eine Grossbebauung mit Wohnungen, Läden, Kirche, Altersheim, Kinderspital und Schulen, die dann aber aus mangelndem Bedarf nicht realisiert wurde.

1973 erhielt das Amt für Kantons- und Stadtplanung den Auftrag, für die als Bauzonen ausgewiesenen Flächen einen Überbauungsplan auszuarbeiten. Fast zeitgleich mit dessen Fertigstellung 1975 setzte sich eine Volksinitiative für die Zuweisung des gesamten Areals in die Grünzone ein. 1983 kam es dann zum Kompromiss und zum Rückzug der Initiative: Die Bereiche der Bauzone 3 wurden der Grünzone zugeschlagen, die restliche Fläche von 22 600 m^2 für Wohnungsbau freigegeben.

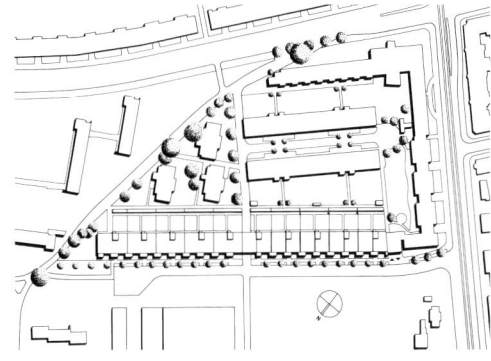

Da das Gelände für eine einheitliche Überbauung zu gross war und der Kanton das Land zudem auch an mehrere Bauträger im Baurecht abgeben wollte, entschied man sich für eine Aufteilung in fünf Sektoren. Das von einer Projektgruppe erarbeitete städtebauliche Konzept sah dabei für jeden Bereich die Fortschreibung der von den angrenzenden Gevierten vorgegebenen Struktur vor.

Nach gemeinsam mit den jeweiligen Bauträgern ausgeschriebenen Wettbewerben wurden die Sektoren dann individuell realisiert: Das Alters- und Pflegeheim an der Kreuzung Luzernerring / Burgfelderstrasse (Silvia Gmür, Basel) markiert dabei die Ecke und fungiert als Lärmschild für das neue Wohnquartier. Der nordöstliche Bereich führt das Muster der benachbarten offenen Bauweise weiter (Vischer + Oplatek, Basel). Der innere Bereich ist mit reihenhausartigen Strukturen überbaut (Ernst Spycher, Basel). Die viergeschossige Randbebauung an der Burgfelderstrasse (Erny, Gramelsbacher, Schneider, Basel) führt mit einem Kopfbau in die Bungestrasse über.

Hier schliesst die von zwei Bauträgern gemeinsam mit dem Architekturbüro Alder realisierte Zeile für subventionierte Familienwohnungen an. Die sechs Einheiten offerieren auf je fünf Geschossen insgesamt 98 grosszügig dimensionierte Wohnungen. Flexible Grundrisse, helle Räume mit vielfältigsten Aussenbezügen, auf den Bedarf von kinderreichen Familien zugeschnittene Eingangsbereiche mit viel Abstellfläche und Gemeinschaftsräume bieten beispielhafte Lösungen für zeitgemässes städtisches Wohnen.

Der Baukörper folgt der Strasse und erfüllt mit seiner Höhe und der stattlichen Länge von 200 m die vorgegebene Ausbildung als «Stadtrand». Mit der als Abstufung in das Volumen übernommenen Neigung des Geländes und der über grosse Veranden und kleine Balkone differenziert gestalteten Aussenfront wirkt der Bau jedoch nicht als Schutzwall zur nahen Landesgrenze, sondern eher als Vorgabe eines zukünftigen Strassenraums und Einladung, die Stadt hier weiterzubauen.

Als besondere Attraktion bietet die Zeile auf der ganzen Länge einen Dachspazierweg – nicht etwa als Referenz an vergleichbare Aufbauten mittelalterlicher Befestigungsanlagen, sondern als Angebot, inmitten der dicht bebauten Stadt Atem zu holen und den Blick in die Weite zu geniessen.

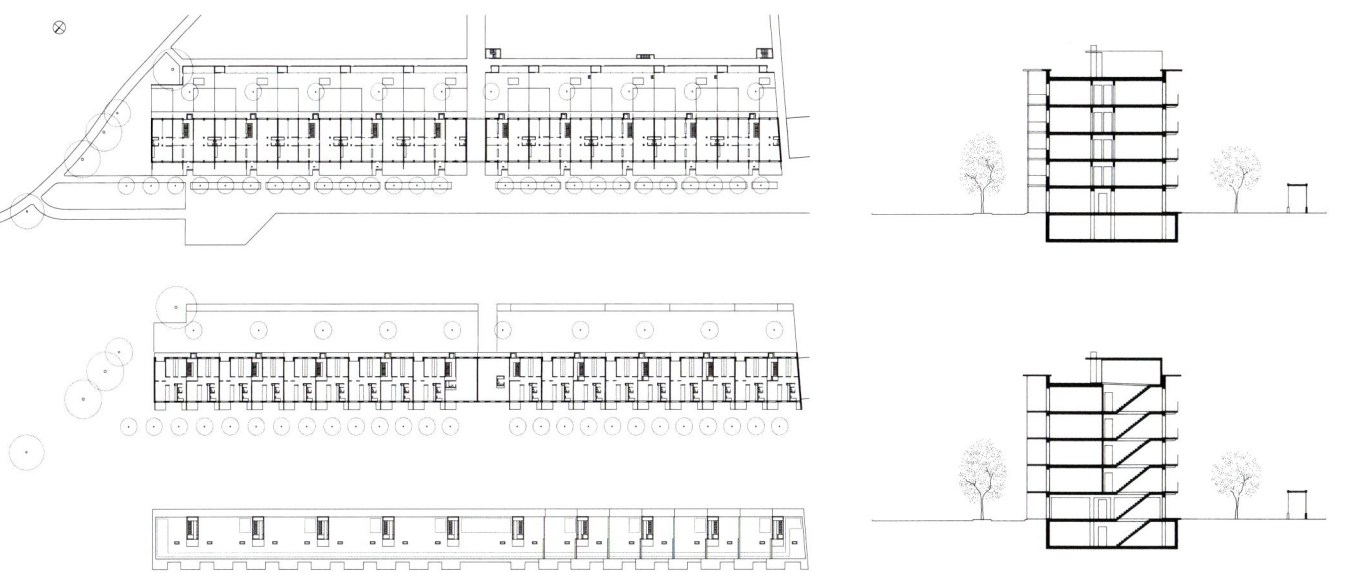

SCHULBAUTEN

Schulreform und Schulbauten
Bruno Chiavi

Tagesschule Bachgraben
Dreirosen-Schulhaus
Ackermätteli-Schulhaus
Kaltbrunnen-Schulhaus
Vogesen-Schulhaus
Leonhard-Schulhaus
Volta-Schulhaus

SCHULREFORM UND SCHULBAUTEN

Bruno Chiavi

Im Rückblick auf die letzten 10 Jahre des vergangenen Jahrhunderts kommt den Aufgaben unseres Kantons im Schulwesen ein besonderer Stellenwert zu. Einerseits beschloss der Souverän 1988 eine Schulreform, mit der sich die Ausbildungswege auf der Mittel- und Oberstufe grundlegend änderten. Andrerseits setzte eine bevölkerungspolitische Entwicklung ein, die auf allen Schulstufen umfangreiche organisatorische und pädagogische Massnahmen erforderte. Sowohl auf Grund der Reform als auch aus dem unvorhersehbaren Anstieg der Schüler- und Klassenzahlen ergaben sich für alle Schulstufen zusätzliche räumliche Bedürfnisse. Die Lösung dieser Raumprobleme bildete für das Baudepartement die wohl herausragendste Herausforderung im Hochbau innerhalb des betrachteten Zeitraums, galt es doch von 1992 bis 2000 mit Neu-, Erweiterungs- und Umbauten an rund 40 Schulstandorten ein Schulbauprogramm zu realisieren, das nur mit dem Schulbauboom der Gründerjahre oder der 50-er Jahre des letzten Jahrhunderts vergleichbar ist.

Die Basler Schulreform

Nach altem Schulsystem stand der wichtigste Entscheid für die weitere Schullaufbahn – Übertritt in die Sekundarschule, in die Realschule oder in ein Gymnasium – bereits nach dem vierten Schuljahr an. Im Gegensatz dazu sieht das neue Schulsystem für alle Schüler im Anschluss an die Primarschule eine dreijährige Orientierungsstufe vor. Der Übertritt in ein Gymnasium oder in die Weiterbildungsschule erfolgt somit erst nach dem siebten Schuljahr.

Wie die Primarschule hat auch die Orientierungsschule ihren Standort im Quartier. Genutzt wurde mehrheitlich der Schulraum der ehemaligen Real- und Sekundarschulen. Die baulichen Massnahmen erschöpften sich jedoch nicht in der Umverteilung und der Anpassung der Räume an die Bedürfnisse der neuen Nutzer. Auch das pädagogische Konzept der neuen Schule galt es zu berücksichtigen: Ziel der Orientierungsschule ist es, individuelle Neigungen und Fähigkeiten der Schüler kennen zu lernen und zu entfalten. Dazu werden Wahlfächer und Niveaukurse angeboten, bei Bedarf auch Stütz- und Förderkurse. Das Raumprogramm musste folglich im Grundsatz reichhaltig und differenziert sein und die Möglichkeiten selbstständigen, werkstattartigen Arbeitens einschliessen.

Im Sinne einer Weiterführung der Ideen der Schulreform auf der Oberstufe änderten sich aber auch die Strukturen und Lerninhalte der Gymnasien und der Diplomschulen. Mit der Verkürzung der Gymnasial- und Diplomschulbildung ging die Zahl der Klassen an diesen Schulen zurück. Dies hatte sowohl Konsequenzen auf die Raumzuordnung als auch auf die Zahl der selbstständigen Schuleinheiten. Zwei bestehende Gymnasien wurden aufgehoben. Der frei gewordene Raum steht nun der Weiterbildungsschule zur Verfügung.

Die Reduktion der Klassenzahlen als Folge der Schulzeitverkürzung verringerte zwar grundsätzlich den Raumbedarf der Gymnasien und Diplomschulen. Trotzdem waren – u.a. bedingt durch ein neues Maturitätsanerkennungsreglement des Bundes – auch bei den weiter geführten Oberschulen Erweiterungsbauten unumgänglich. Die neuen Raumbedürfnisse waren die Folge der Schaffung eines Wahlfachsystems mit kleineren Unterrichtsgruppen, der standortbezogenen Zuteilung von Schwerpunktfächern sowie der Einführung von erweiterten Lernformen und Projektunterricht.

Die Entwicklung der Schülerzahlen

Die Schülerzahlen im Kanton Basel-Stadt erreichten 1972 mit rund 26 400 Schülerinnen und Schülern respektive 1040 Klassen ihren Höhepunkt. Infolge einer stetig zunehmenden Abwanderung in die stadtnahen Landgemeinden gingen sie anschliessend kontinuierlich zurück und lagen 1988 mit rund 14 300 Schülerinnen und Schülern beziehungsweise 750 Klassen auf dem Tiefststand. Bis 1987 hielten sich Zuwanderung und Abwanderung noch ungefähr die Waage. In der Folge stieg der positive Wandersaldo jedoch laufend an und nahm 1991 – bedingt vor allem durch die Erleichterung der Vorschriften betreffend Familiennachzug für Ausländer sowie die politische Entwicklung im ehemaligen Jugoslawien und in den osteuropäischen Staaten – ein explosionsartiges Ausmass an. Damit änderte sich auch die Situation der Schüler- und Klassenzahlen schlagartig. Erschwerend ins Gewicht fiel dabei, dass sich diese Entwicklung fast ausschliesslich auf fremdsprachige Schülerinnen und Schüler bezog. Zwischen 1987 und 1992 stieg denn auch die Zahl der Fremdsprachenklassen von 15 auf insgesamt 68 an.

Die Folge dieses Zuwachses war ein massiver Anstieg der Beanspruchung aller Ressourcen im Schulwesen, also auch der räumlichen. Denn trotz der gegenüber den 70-er Jahren nach wie vor geringeren Schülerzahl war keine bauliche Reserve vorhanden. Der frei gewordene Raum war infolge der Verkleinerung der Schulklassen sowie der Einführung einer Vielzahl von unterrichtlichen Neuerungen von den Schulen laufend aufgebraucht worden.

Auf Schuljahresbeginn 1995/96 wurden für die Primarschulen Blockzeitpensen und die Fünf-Tage-Woche eingeführt. Durch das Zusammendrängen der Lektionen standen die Klassenräume nun nicht mehr für Spezialfächer zur Verfügung. Der zusätzliche Raumbedarf konnte auch hier nur durch Erhöhung des Flächenangebots befriedigt werden.

Planung und Durchführung der Bauvorhaben

Angesichts der stetig abnehmenden Schülerzahlen war Schulhausbau während rund 20 Jahren für den Kanton Basel-Stadt kein Thema. Nach Einweihung eines letzten Schulhausneubaus im Jahre 1972 (Bäumlihofgymnasium) beschränkte sich die Tätigkeit des Hochbauamtes auf die Instandhaltung und Instandstellung der bestehenden Bauten.

Nach dem politischen Entscheid für eine umfassende Schulreform im Jahre 1988 wurde deren Umsetzung auf Schuljahresbeginn 1994/95 festgelegt. Mangels einer verlässlichen Schülerprognose und Raumbedarfsplanung rechnete man zu Beginn noch damit, dass die Raumbedürfnisse der neuen Schule in den bestehenden Bauten befriedigt werden könnten. Das Augenmerk der Vorbereitungsarbeiten richtet sich deshalb fast ausschliesslich auf die Umsetzung der pädagogischen und organisatorischen Ziele. Ein kurzfristig erstelltes Schulrauminventar sowie die Darstellung des Ausbaupotenzials an den bestehenden Schulstandorten legten anfangs der 90-er Jahre erstmals den effektiven Raumbedarf für die Schulreform offen. Gleichzeitig wurden die massiven baulichen Bedürfnisse infolge der steigenden Schülerzahlen ersichtlich. Obwohl diese Entwicklungen in den bestehenden Finanzplänen nicht berücksichtigt waren, mussten unverzüglich die entsprechenden baulichen Lösungen angegangen werden. Im September 1992, also nur 23 Monate vor dem eigentlichen Start der Reform, wurde das Baudepartement mit einer Bauplanung beauftragt, die den angemeldeten Raumbedürfnissen Rechnung tragen sollte. Für diese Planung stand also gerade rund ein Jahr zur Verfügung. Die Ausführung der Bauvorhaben hatte etappenweise in den Jahren 1993 bis 1998 zu erfolgen.

Mangels zusätzlicher freier Bauareale in unseren dicht bebauten Quartieren konnten in der Regel keine eigenständigen neuen Schulanlagen erstellt werden. Bei den meisten der neuen Schulbauten handelt es sich deshalb um die Ergänzung einer bestehenden Anlage, was die Lösungen planerisch wie auch in der Gestaltung nachhaltig beeinflusste. Die Situation und die Strukturen der bestehenden und architektonisch meist wertvollen Anlagen waren zu akzeptieren und wo immer zu stärken. Die engen räumlichen Verhältnisse zwangen meist zu kompakten mehrgeschossigen Lösungen.

Die Folge ist, dass sich die Neubauten mehrheitlich eher an den städtebaulichen und organisatorischen Qualitäten von Bauten orientieren, die vor 100 und mehr Jahren entstanden sind, denn an den modernen Schulbauideen der 50-er und 60-er Jahre des vergangenen Jahrhunderts. Diese Haltung mag auf den ersten Blick verwundern. In kaum einem anderen Jahrhundert hat sich unsere Gesellschaft so schnell und so grundlegend verändert wie im vergangenen. Ausgehend von der Überlegung, dass die gebaute Umwelt den jeweiligen Zeitgeist widerspiegelt, müsste angenommen werden, dass sich die neuen Ausbildungsprinzipien auch deutlich in der Organisation und im architektonischen Ausdruck der Neubauten niederschlagen. Bei genauerer Untersuchung zeigt sich aber die Richtigkeit dieses Verhaltens. In den vergangenen Jahrzehnten war das Basler Schulsystem in Teilen immer wieder geändert und neuen Bedürfnissen angepasst worden. Dabei liessen sich die neuen Klassen- und Unterrichtsformen stets innerhalb der bestehenden Raumstrukturen verwirklichen. Und auch beim Umbau der Schulräume für die Anforderungen der Schulreform erwiesen sich die ältesten Bauten als die anpassungsfähigsten. Ihre Massivbauweise mit den tragenden Aussen- und Gangwänden ermöglicht eine problemlose Neuaufteilung der Räume. Die Zimmer bieten dank ihrer Grösse und guten Dimensionierung genügend Raum für die neuen Lernformen. Die Gänge sind dank der meist einbündigen Raumanordnung natürlich belichtet und belüftet. Was also lag näher, als diese strukturellen Qualitäten auch auf Neubauten zu übertragen und mit einem zeitgemässen architektonischen Ausdruck zu verbinden.

Neben den Objekten, die sich durch besondere städtebauliche oder architektonische Qualität auszeichnen, dürfen hier auch diejenigen Bauprojekte, die nur dank besonderer Umstände in der heutigen Form verwirklicht werden konnten, nicht unerwähnt bleiben: So wurde am Rande des St. Albantales eine alte Seidenbandfabrik, welche sich im Besitz des Kantons befindet und zufällig zum richtigen Zeitpunkt einer neuen Nutzung zugeführt werden musste, mit einfachen Mitteln in ein Provisorium für die auslaufende Berufswahlschule umgebaut.

Ein Laborprovisorium der CIBA mit Fabrikladen steht nach entsprechenden Anpassungsarbeiten heute für die Unterrichtung von sechs bis acht Primarklassen zur Verfügung. Anstelle eines unterirdischen Warenhauses mit Bürogebäude baute im Gundeldingerquartier ein Investor, der befürchtete, auf Grund der schlechten Wirtschaftslage keine Mieter dafür zu finden, eine unterirdische Grossturnhalle sowie ein Primarschulhaus für acht Klassen und bot beides dem Kanton zu einem äusserst günstigen Preis zum Kauf an. Am ungewöhnlichsten ist wohl aber die Unterbringung einer Tagesschule für Kleinklassen der Primarstufe im Gartenbad Bachgraben. Da diese Schule nicht quartiergebunden ist, konnte für sie eine aussergewöhnliche Lösung ins Auge gefasst werden. Durch Umbau und geringfügige Erweiterung wurden zwei nicht mehr benötigte Garderobenzeilen den Bedürfnissen der Schule angepasst. Das Nebeneinander von Schule und Badebetrieb hat sich bis heute bestens bewährt.

Fazit

Trotz grossem zeitlichem Druck und eher beengenden finanziellen Vorgaben konnten den neuen Schulen fristgerecht Bauten übergeben werden, die sich neben räumlicher Grosszügigkeit auch durch hervorragende architektonische, funktionale und handwerkliche Qualitäten auszeichnen. Die Erreichung dieser Ziele war nur möglich dank besonderer Anstrengung aller Beteiligten, die sich nur durch den Glauben an unsere Jugend und damit an unsere Zukunft erklären lässt.

Schulbau **Tagesschule Bachgraben, Primarschule**

Standort Hegenheimermattweg 202, Allschwil   **Bauaufgabe** Umnutzung zweier Garderobenzeilen eines Gartenbads in eine Tagesschule für Kleinklassen
Architekten Ackermann & Friedli, Basel   **Projektdaten** Direktauftrag 1994, Ausführung 1994   **Gesamtinvestition** 2,4 Mio. CHF

Ganzjahresbetrieb im Freibad

Auf Grenzen stösst man in dieser Tagesschule an vielen Orten: Das Gartenbad Bachgraben entstand 1960–62 nach Entwürfen von Otto und Walter Senn. Es ist zwar Teil einer grossen Erholungs- und Freizeitzone an der westlichen Peripherie der Stadt, doch der betreffende Bautrakt selbst liegt bereits auf dem Gebiet des Kantons Basel-Landschaft. Inhaltlich wie formal schliesst das neue Schulhaus zwar an das ähnlich parkartig strukturierte und fast gleichzeitig konzipierte Areal der Wasgenring-Schulhäuser an. Doch als Einbau in einen nicht mehr genutzten Garderobentrakt schiebt es sich hier als «fremde» Nutzung in eines der grossen Gartenbäder des Stadtkantons.

Das Konzept dieses Freibads beruht auf dem Kontrast zwischen einer streng geometrischen Erschliessungsstruktur und dem weiten, offenen Grünraum. Markante Elemente sind die zwei kammartigen, rechtwinklig zueinander gestellten Garderobenanlagen: Je drei parallele, zweigeschossige Bauzeilen sind mit einem durchlaufenden Steg im Obergeschoss so miteinander verbunden, dass sie sich gemeinsam mit dem hier überdachten Weg als harter Rand um den weichen Kern mit Liegewiesen und Schwimmbecken legen. Der Kamm der zum Hegenheimermattweg orientierten Damengarderobe wurde nicht mehr genutzt. Hier nistete sich in zwei Zeilen die neue Tagesschule ein:

Die vorgefundene Struktur wurde dabei als Rohbau übernommen. Die Köpfe mit den WC-Anlagen dienen weiterhin dem Gartenbad. Dahinter sind die ehemals offenen Sichtbetonbauten nun verglast und innen isoliert. Auch die Raumaufteilung folgt den vorgegebenen Achsen: Je drei für die Zimmer, zwei für die Erschliessung. Selbst das hoch angesetzte, schmale rückwärtige Fensterband wurde beibehalten, so dass auch hier, mit der beidseitigen Belichtung der Räume, die 60-er Jahre über das Thema der «Pavillonschulen» gegenwärtig bleiben.

Die Klassenzimmer – je zwei pro Zeile – sind in den Obergeschossen untergebracht. Die gemeinsam genutzten Räume (Handarbeit, Rhythmik, Team etc.) liegen im Erdgeschoss. Dank eines neuen Zwischenbaus konnten die bestehenden Volumen dabei weitgehend von technischen Installationen frei gehalten werden. Dieser eingeschossige Verbindungstrakt nimmt die Eingangshalle, Nasszellen und Küche auf. Er fungiert als Gelenk, das über S-förmig zueinandergestellte Treppenanlagen alt und neu so miteinander verschleift, dass die Schule innen als räumliche Einheit wahrgenommen wird, und schliesslich – über die so entstandenen Höfe – Volumen und Aussenräume zum kompakten Ganzen fasst.

Auch diese Höfe nehmen respektvoll Abstand von der bestehenden Gartenanlage: Mit ihrer intimen Geschlossenheit und der individuellen Ausprägung – als Garten, Hartplatz und Sandfläche – wirken sie deutlich geschlossener als der grosszügige Park mit seinem üppigen Baumbestand. Wollen die Klassen ins «Grüne», steht ihnen das weite Areal des Gartenbads über einen direkten Zugang ganzjährig offen.

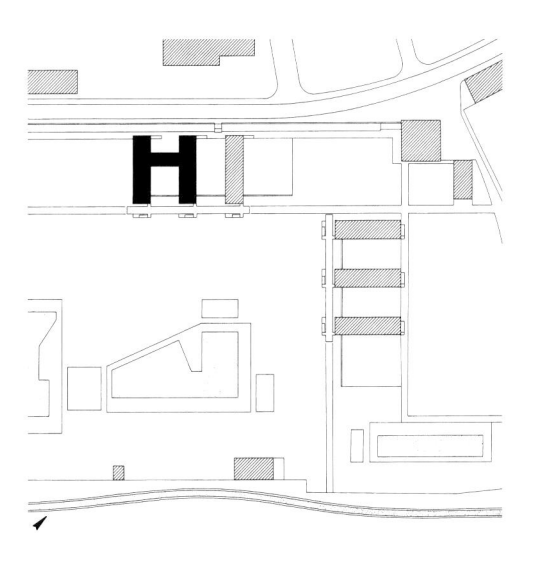

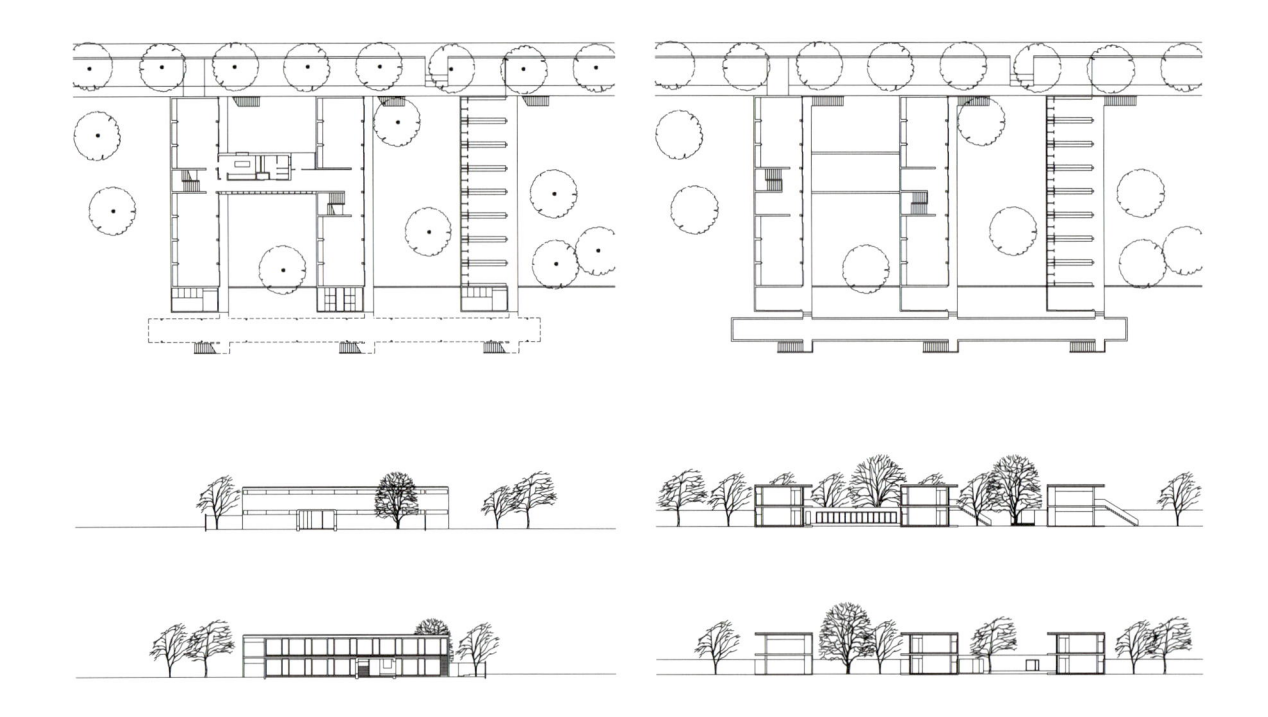

38

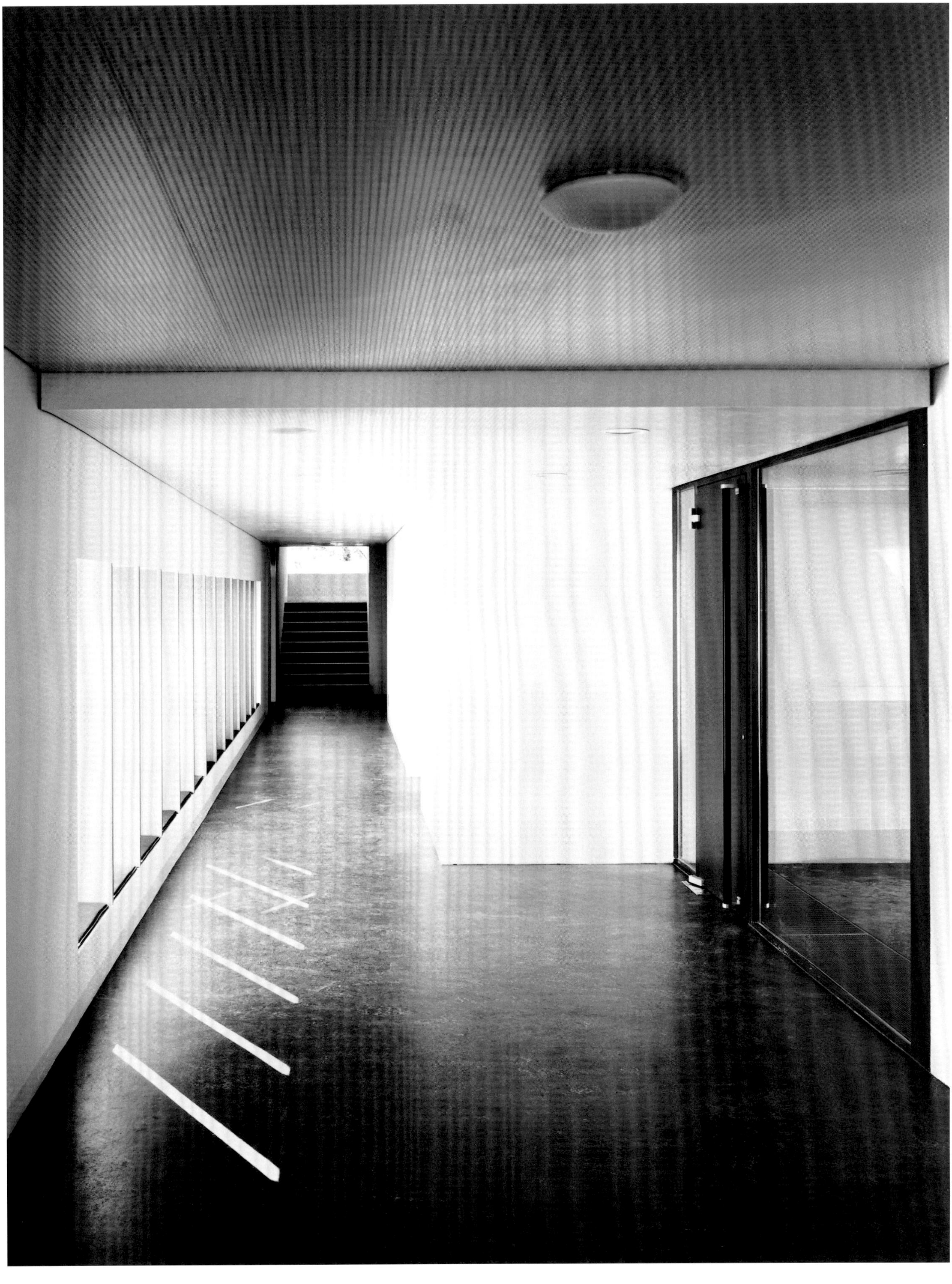

Schulbau **Dreirosen-Schulhaus, Orientierungsschule**

Standort Klybeckstrasse 115   **Bauaufgabe** Erweiterung eines bestehenden Schulhauses, Dreifachturnhalle, Wohnhaus
Architekten Morger & Degelo, Basel   **Projektdaten** Studienauftrag 1991, Ausführung 1994–96   **Gesamtinvestition** 17,1 Mio. CHF

Die Vitalität des Heterogenen

Widersprüchlicher als an diesem Ort könnte die Stadt nicht sein: An der Dreirosenstrasse stossen Wohn- und Industriequartier aneinander. Der schmale Grünstreifen der Dreirosenanlage legt sich dabei wie ein Puffer zwischen das dichte Stadtquartier im Süden und den unmittelbar nördlich daran anstossenden übergeordneten Verkehrsverteiler der Nordtangente mit den dahinter anschliessenden Industrieanlagen.

Das Schachbrettmuster des Matthäusquartiers endet hier abrupt. In die traditionelle Blockrandbebauung der Strassengevierte schieben sich die öffentlichen Bauten des Theobald-Baerwart-Schulhauses (1902), der Dreirosen-Schule (1906) und der Josephskirche (1902). Die Blockränder selbst sind dabei fast überall nurmehr in Ansätzen zu erkennen – das einstige Arbeiterwohnquartier ist hier längst von der «Stadt» überrollt und präsentiert sich heute als dichtes Konglomerat unterschiedlichster Nutzungen.

Die Erweiterung des Dreirosen-Schulhauses nimmt diese Vielschichtigkeit auf und entwickelt aus ihr ein städtebauliches Leitmotiv. Ausgangspunkt ist die an der Offenburgerstrasse und dem daran anschliessenden Bereich der Klybeckstrasse noch erkennbare Blockrandstruktur. Ein neues Wohnhaus an der Klybeckstrasse, das in Traufhöhe und Bebauungstiefe die Vorgaben des bestehenden Nachbarbaus übernimmt, und ein nördlich daran anschliessender, niedrigerer Annexbau für Schulräume, der an der Dreirosenanlage schliesslich in eine lang gestreckte, zum Hof hin offene Pausenhalle übergeht, führen dieses Bebauungsmuster weiter.

Mit den neuen Räumen an der Klybeckstrasse entspricht die Schule nun dem für die Orientierungsstufe geforderten Angebot. In seinen

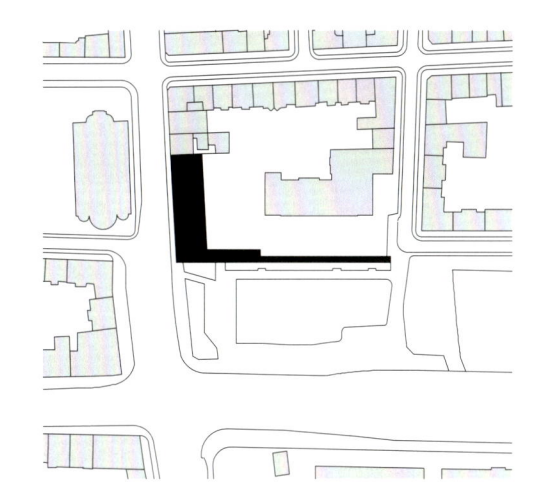

42

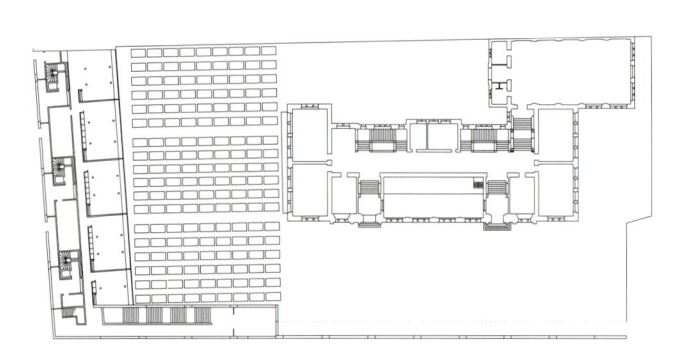

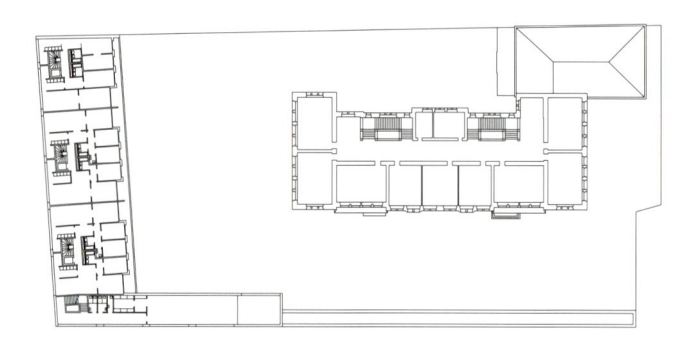

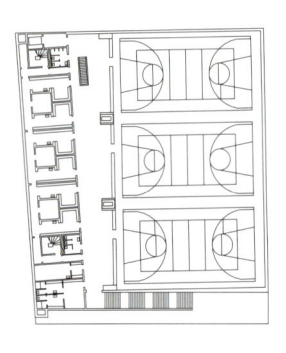

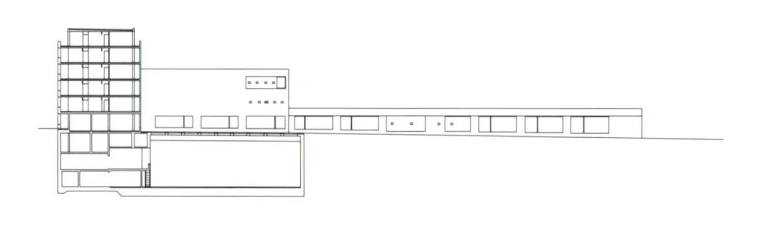

Untergeschossen nimmt der Erweiterungsbau auch die Zugänge und Nebenräume für die ebenfalls neue Dreifachturnhalle unter dem Pausenhof auf. Und als in sich selbst lärmgeschützter Bauriegel bildet er zusammen mit dem verglasten Portikus zugleich auch den notwendigen Immissionsschutz für die von Südwesten her in den Hof stossende Schulanlage.

Seine glatte Strassenfassade mit den bündigen, horizontalen Kastenfenstern verrät dabei nichts über das dichte Neben- und Übereinander der dahinter liegenden Nutzungen. Auch die von der Künstlerin Renée Levi konzipierten Vorhänge für die Hoffenster orientieren sich nicht an der Nutzung, sondern an den Bäumen der benachbarten Grünanlage.

Diese Neutralität lenkt die Aufmerksamkeit auf die volumetrische Komposition: Nicht die Inhalte stehen im Vordergrund, sondern die städtebauliche Funktion der Baukörper. Als abstrakte Volumen nehmen sie die lokalen Ambivalenzen auf. Sie schliessen den Blockrand und vervollständigen gleichzeitig die von der Schule einge-führte Figur zur Spirale. Das Vorhandene wird verdichtet, ohne sich gegenseitig zu bedrängen, und hinter der Heterogenität zeigt sich deren Potenzial und die Vitalität dieses dichten Stücks Stadt.

Schulbau **Ackermätteli-Schulhaus, Schule für behinderte Kinder und Primarschule**

Standort Rastatterstrasse 32   **Bauaufgabe** Neubau für neun Kleinklassen und drei Tageshortgruppen für behinderte Kinder sowie vier Primarschulklassen
Architekten Ackermann & Friedli, Basel   **Projektdaten** Direktauftrag 1993, Ausführung 1995–96   **Gesamtinvestition** 10 Mio. CHF

Verspielte Strenge und ambivalente Eindeutigkeit

Das Schulhaus grenzt an eine kleine Grünanlage auf der Schnittstelle zwischen Wohnbereich und Industriegelände. Das im Osten anstossende Wohnquartier ist geprägt durch eine regelmässige Blockrandbebauung, die aber oft Fragment blieb oder durch spätere Eingriffe aufgebrochen wurde. Den westlichen Abschluss bildet das Gleisfeld des Rheinhafens Klybeck.

Der viergeschossige Neubau greift hier klärend ein: Mit seiner rechtwinkligen Form nimmt er die Struktur der benachbarten Wohnhäuser auf und schliesst sie zum Block. Verputzte Mauern und Flügelfenster unterstreichen ebenfalls die Zugehörigkeit zum Quartier. Mit seiner langen Front entlang der Grünfläche schliesst der Baukörper das Wohngebiet nach Westen ab und wirkt hier mit seiner scharf geschnittenen Kubatur und der repetitiven Reihung der Fenster wie eine massive Grenzbefestigung.

Doch dieses Gebäude, das auf den ersten Blick so streng, zweckmässig und rational erscheint, lässt sich auch anders lesen. Denn es zitiert zwar den Blockrand, bricht aber sogleich wieder aus diesem System aus: Seine Flügel stehen nicht rechtwinklig zueinander, sondern leicht verzogen. Und im Eingangsbereich an der Rastatterstrasse weicht die Schule deutlich hinter die Bauflucht zurück. Auch die Fenster nehmen in ihrer Zweiteilung zwar die ortsübliche Sprache auf, setzen sich aber durch ihre Übergrösse auch wieder von der Umgebung ab und unterstreichen die Andersartigkeit dieses Gebäudes.

Mit ihrem regelmässigen geometrischen Muster legt sich die Fassade wie eine Haut um den ganzen Baukörper. Der Knick, mit dem die Fenster dabei auf der Hofseite den Winkel überspielen, unterstreicht noch die Lesart vom «zufällig» abgeknickten Kubus. Dieses Gebäude ist als Schule trotz der deutlichen Referenzen an die Quartierstruktur ein Solitär.

Der Bau spielt zwar mit der Wahrnehmung, wirkt aber niemals verspielt: Überdimensionierte Fenster, Fensterknick und Abweichung vom rechten Winkel sind wohlüberlegte Interventionen. Sie verschmelzen Aussen und Innen zur untrennbaren Ganzheit. Die grossen Öffnungen machen die Innenräume hell und freundlich. Ihr strenger Rhythmus schafft dabei eine Atmosphäre gelassener Ruhe. Die belichtete Ecke verbindet die zum Hof orientierten Korridore zu einem einzigen, grosszügig wirkenden Aufenthaltsbereich. Und die vom rechten Winkel abweichende Geometrie verspannt diesen inneren Pausenraum im Baukörper. – Das Einfache ist komplex, das Eindeutige hybrid, das Rationale gebrochen: Lustvoll spielt diese Schule die vorgefundenen Ambivalenzen aus. Und erfüllt damit diszipliniert und präzis ihre Aufgabe.

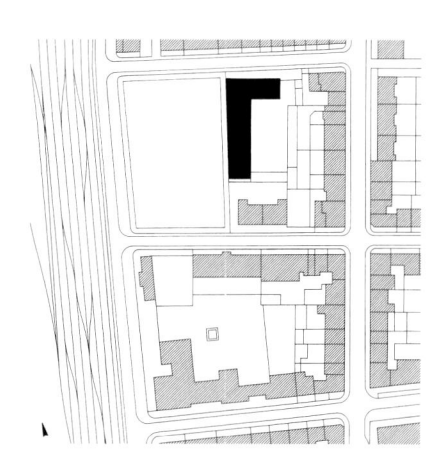

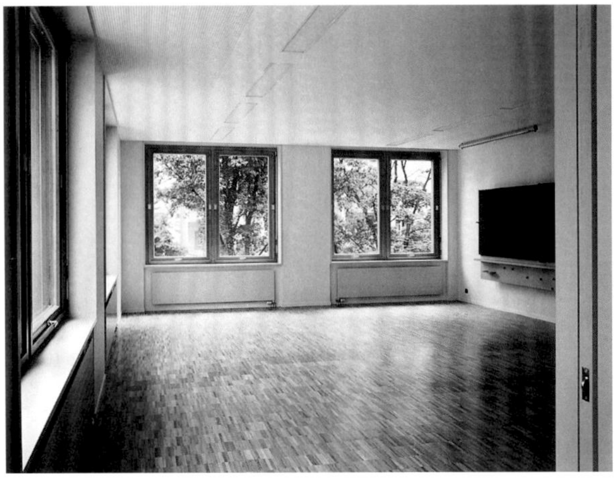

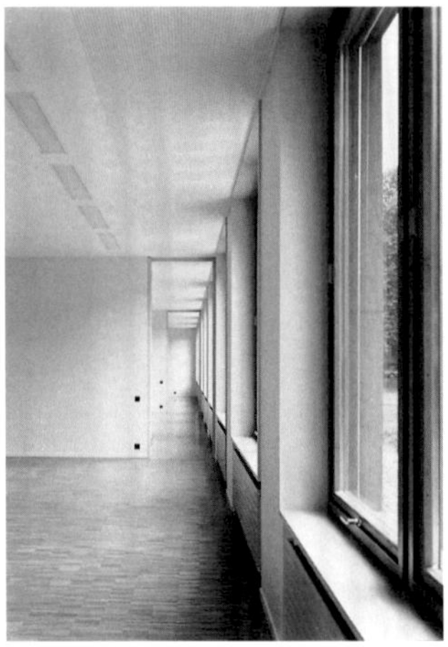

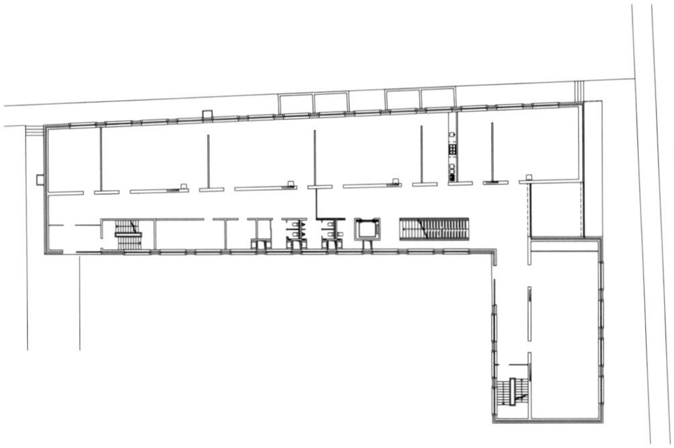
RASTATTERSTRASSE

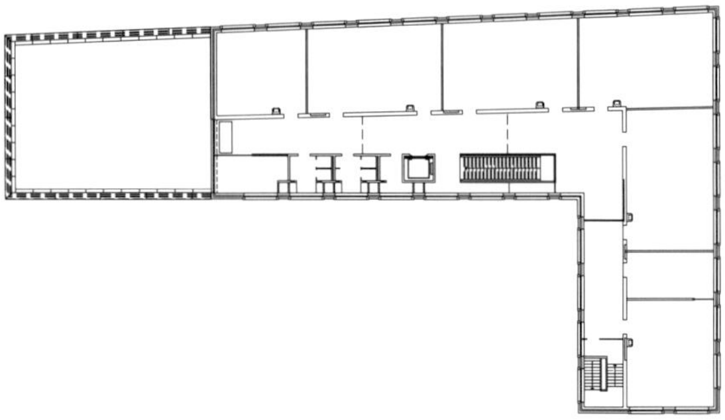

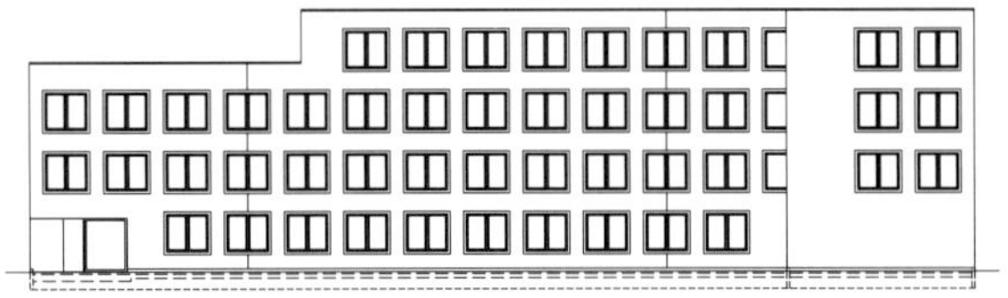

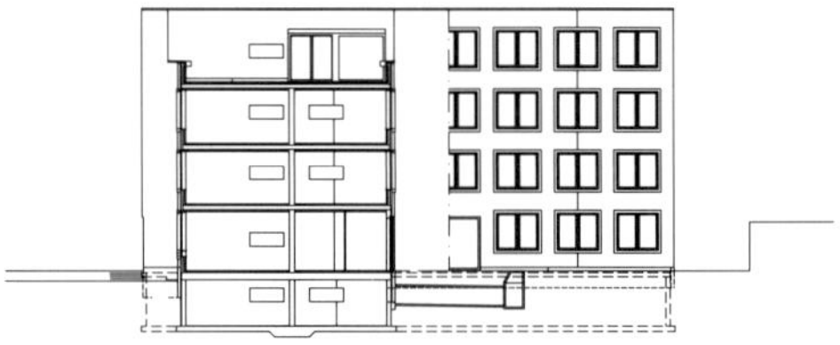

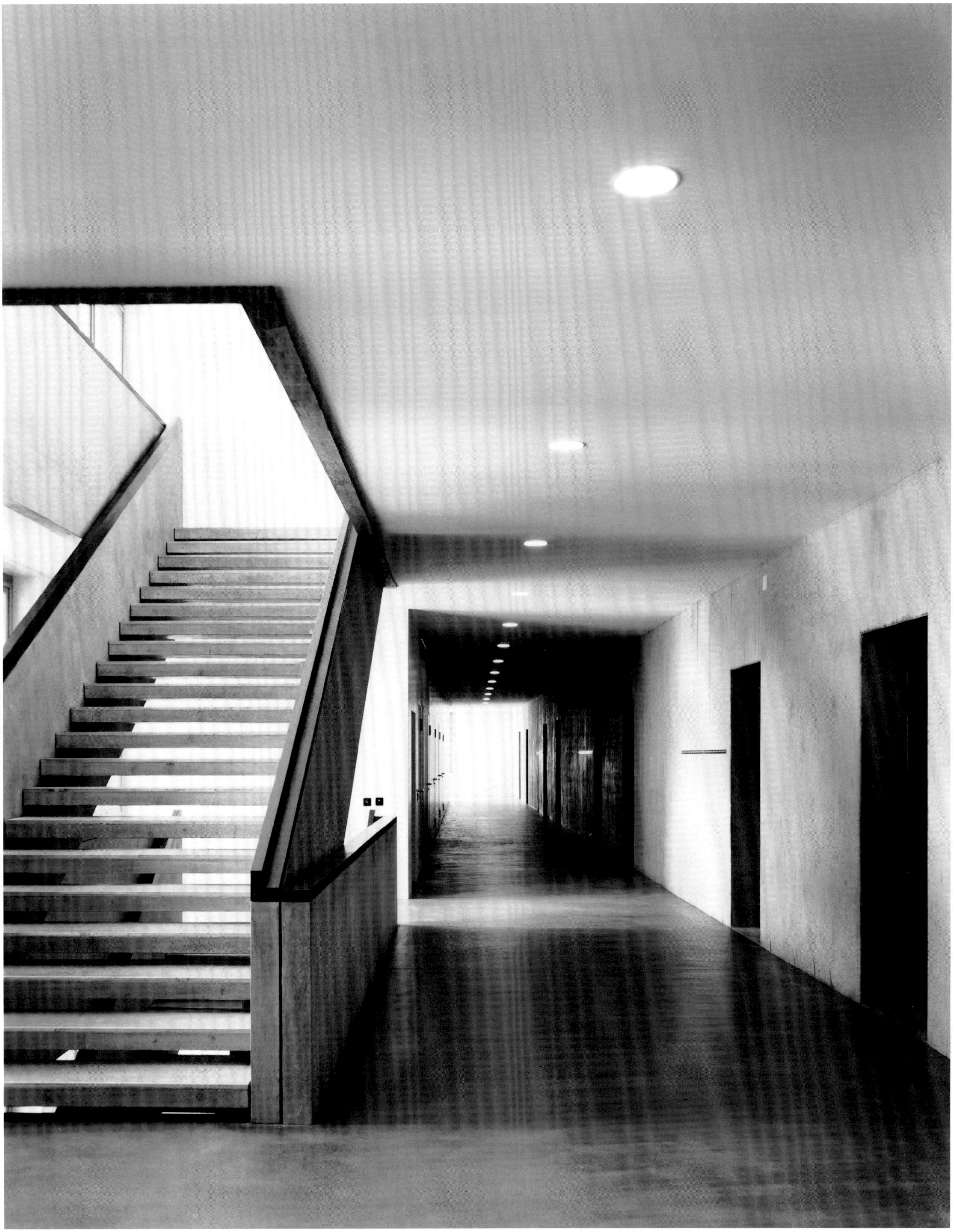

Schulbau **Kaltbrunnen-Schulhaus, Orientierungsschule**

Standort Kaltbrunnen-Promenade 95   **Bauaufgabe** Erweiterung der bestehenden Anlage um ein neues Schulhaus mit Turnhalle und Aula
Architekten Wymann & Selva, Basel   **Projektdaten** Studienauftrag 1993, Ausführung 1994–96   **Gesamtinvestition** 13,4 Mio. CHF

Eigenständigkeit im Interesse des Ganzen

Das Areal liegt zwischen dem städtebaulich markanten Graben der französischen Bahnlinie und der Verkehrsachse des äusseren Rings. Im Südosten ist es durch die 1948–51 erstellte Primarschulanlage Neubad (Panozzo, Egger, Meyer) gefasst. Den nordwestlichen Abschluss bildet die zur gleichen Zeit errichtete, von Hermann Baur konzipierte Anlage der Allerheiligenkirche. Beide Komplexe sind wichtige Zeugnisse der Architektur der 50-er Jahre und bestimmen gemeinsam mit dem wertvollen Baumbestand die Qualität dieses Ortes.

Die Orientierungsschule geht mit Gruppenunterricht und interdisziplinärer Zusammenarbeit neue Wege. Das neue Schulhaus macht diese Veränderungen sichtbar: Die Unterrichtsräume sind in einem viergeschossigen Baukörper zusammengefasst, der aus der räumlichen Ordnung der bestehenden Bauten ausschert und diese mit seiner Lage parallel zur Bahnlinie kontrapunktiert. Innen präsentiert er sich als Folge gleichwertiger Räume; zwischen Nutz- und Verkehrsfläche wird nicht mehr unterschieden.

Im Zentrum steht die Treppenanlage, die sich auf jedem Geschoss zur lichtdurchfluteten Halle mit vielfältigen Nutzungsmöglichkeiten weitet. Ihr sind pro Geschoss vier Klassenzimmer, zwei Gruppenräume und zwei Spezialunterrichtsräume zugeordnet. Die aus den Dimensionen dieser quadratischen Räume abgeleitete modulare Ordnung durchdringt das Gebäude bis in die gläserne Aussenhaut:

Jeder Raum gliedert sich in drei Stützenfelder, die jeweils wieder drei Fassadenfelder bilden. Und wiederum drei vorgefertigte, geschosshohe Elemente strukturieren die Fassade. Transparente Fenster-

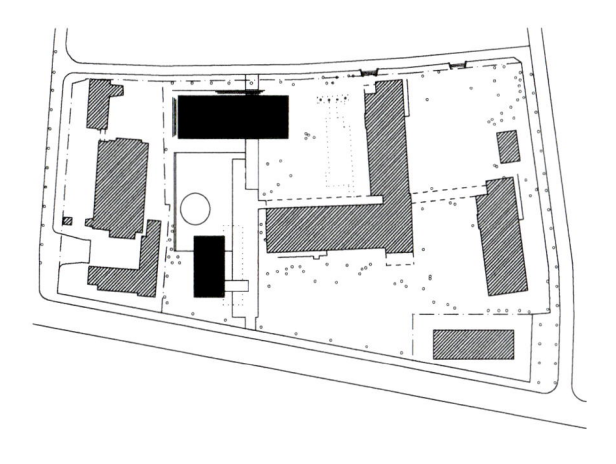

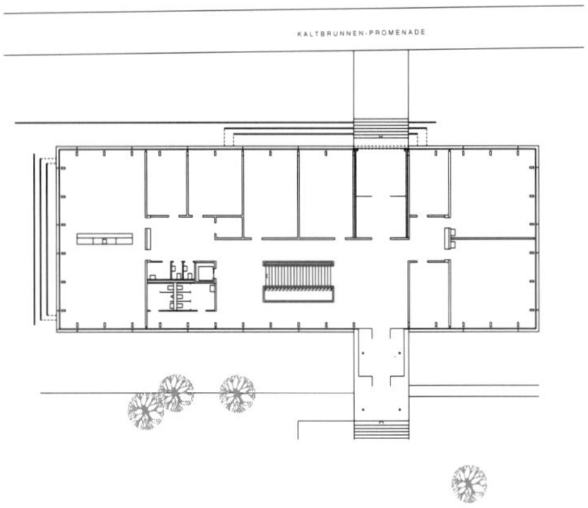
KALTBRUNNEN-PROMENADE

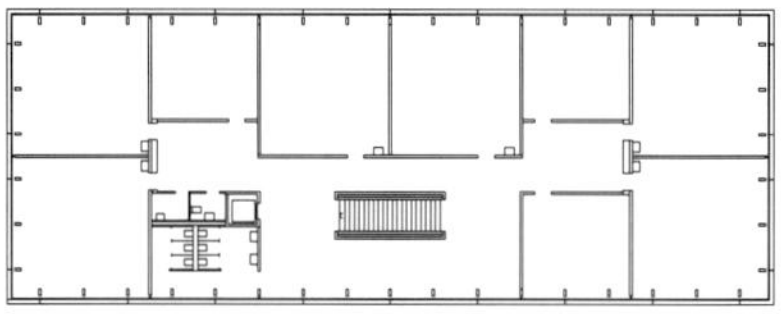

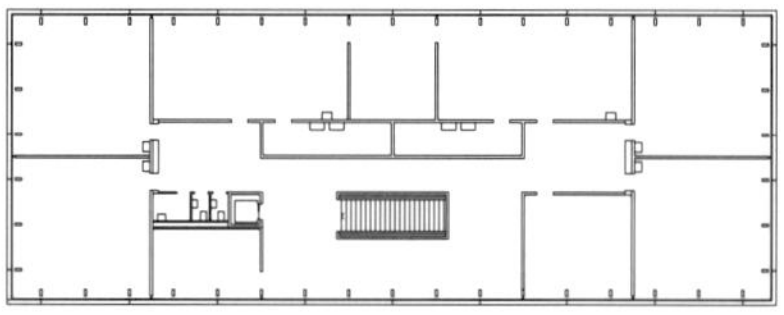

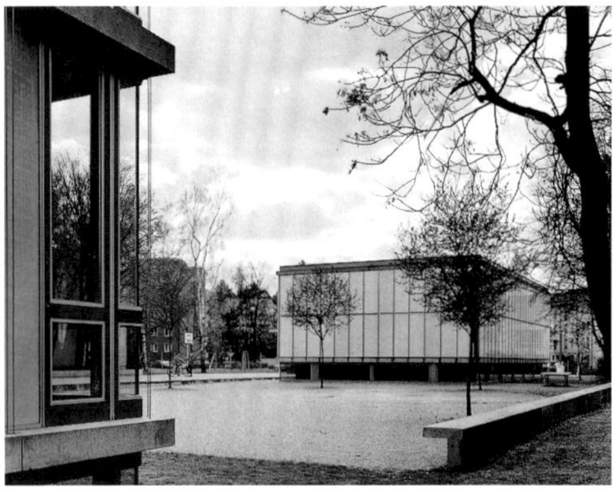

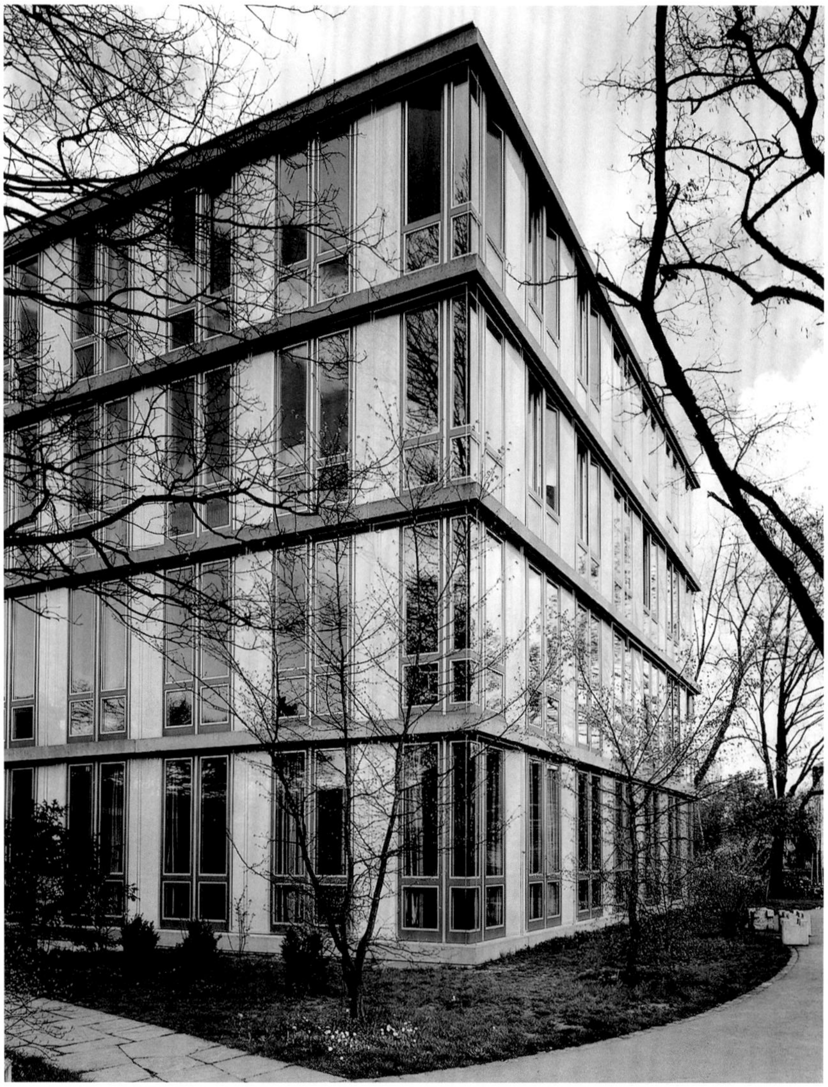

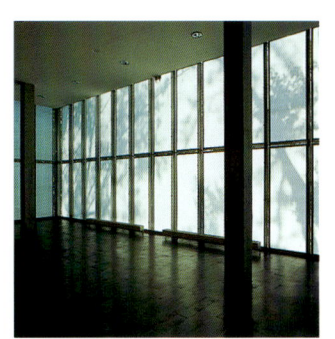

und Eckelemente wechseln sich ab mit geschlossenen, wärmegedämmten Glaspaneelen. Die einheitliche Reflexion der Oberflächen erzeugt dabei ein Fassadenbild, das in seiner Homogenität der einheitlichen Materialisierung des Inneren entspricht.

Auch das zweite Volumen für Aula und Turnhalle behauptet seinen eigenständigen Platz im Gefüge: Es steht rechtwinklig zum Unterrichtstrakt und schiebt sich zwischen die alten Schul- und Kirchenbauten zur anderen grossen Verkehrsachse am Laupenring vor. Eine neue Erschliessungsachse, die vom Ring her an der Aula entlang durch das Kaltbrunnen-Schulhaus bis zur Promenade am Bahngraben vorstösst, verbindet die beiden Neubauten, gibt dem Areal eine neue Ordnung und verankert es im weiteren Stadtraum.

Zwischen Alt und Neu, Volumen und Aussenraum, Architektur und Natur entwickelt sich ein reger Austausch, der schliesslich den gesamten Komplex mit einem dichten Netz von Querbezügen überzieht: Alle Bauteile meiden den Rand und verstehen sich als autonome Volumen, die das Gelände campusartig strukturieren. Das Kaltbrunnen-Schulhaus erwidert mit horizontalen Betongesimsen die vertikal gegliederte Fassade der Allerheiligenkirche. Das Gebäude für Aula und Turnhalle spielt mit seiner ebenfalls horizontalen Schichtung der Nutzungen und seiner opaken Glashaut auf das Schulhaus an und stärkt mit einem introvertierten Saal von fast sakraler Ausstrahlung den Bezug zwischen Schul- und Kirchenbauten.

Das neue Schulhaus ist zur Allerheiligenkirche, das Gebäude von Aula und Turnhalle ist zu den bestehenden Turnhallen übereck angeordnet. Damit findet nicht nur die offene Raumfolge des Klassentrakts in einem ähnlich offenen Angebot an Aussenräumen seine Entsprechung. Die spannungsvollen Diagonalbezüge bewahren auch die Grosszügigkeit der Anlage und halten nun die Teile in präzis austariertem Gleichgewicht.

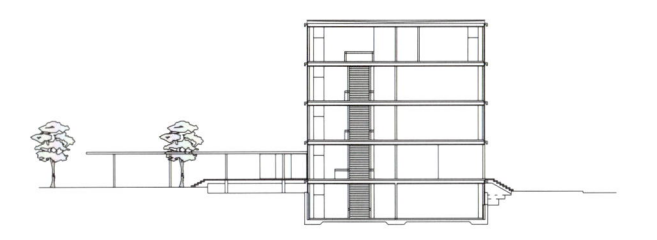

Schulbau **Vogesen-Schulhaus, Orientierungsschule**

Standort St. Johanns-Ring 17   **Bauaufgabe** Erweiterung einer bestehenden Anlage um ein neues Schulgebäude mit Turnhalle
Architekten Diener & Diener, Basel   **Projektdaten** Direktauftrag 1992, Ausführung 1993–96 (2 Etappen)   **Gesamtinvestition** 22 Mio. CHF

Die Stadt im Haus in der Stadt

Das 1888 erbaute Primarschulhaus St. Johann und das nun der Orientierungsschule zugeschlagene frühere Sekundarschulhaus Pestalozzi (1883) bilden gemeinsam mit dem neuen Erweiterungsbau den grössten Schulkomplex im St. Johanns-Quartier. Als grosse, frei stehende Baukörper mit vorgelagerten Grünanlagen signalisieren die beiden alten Schulbauten dabei auf traditionelle Art Öffentlichkeit.

Der viergeschossige Neubau nimmt diesen vorgegebenen Massstab auf. Auch er unterstreicht mit seiner skulpturalen Kompaktheit und den klaren, ruhigen Proportionen den öffentlichen Charakter. Als paralleler Riegel zum St. Johann-Schulhaus schliesst er die Anlage nach Westen und fügt die Teile zu einem U-förmigen Komplex um einen nach Südwesten offenen Hof. Die Hülle aus grossen, grüntonigen Kunststeinplatten geben dem Neubau dabei die nötige Schwere, um das Ensemble aus Alt und Neu im Gleichgewicht zu halten.

Doch auch wenn sich diese Erweiterung deutlich dem Bestehenden fügt, manifestiert sich in ihr zugleich eine grundsätzlich andere Haltung zur Stadt: Während sich die Altbauten als Solitäre verstehen, die die Umgebung kontrapunktieren, sucht der Neubau den Anschluss und verzahnt sich auf vielfältige Art mit dem städtischen Aussenraum. Die beiden Kuben legen sich hintereinander an den St. Johanns-Ring und schliessen damit den Strassenraum. Der Kopfbau springt dabei an der Ecke Spitalstrasse leicht zurück und bildet im Eingangsbereich einen Vorplatz. Die Aussentreppe nimmt die Längsausrichtung der beiden Baukörper auf und führt wie eine Rampe an der Fassade entlang nach innen.

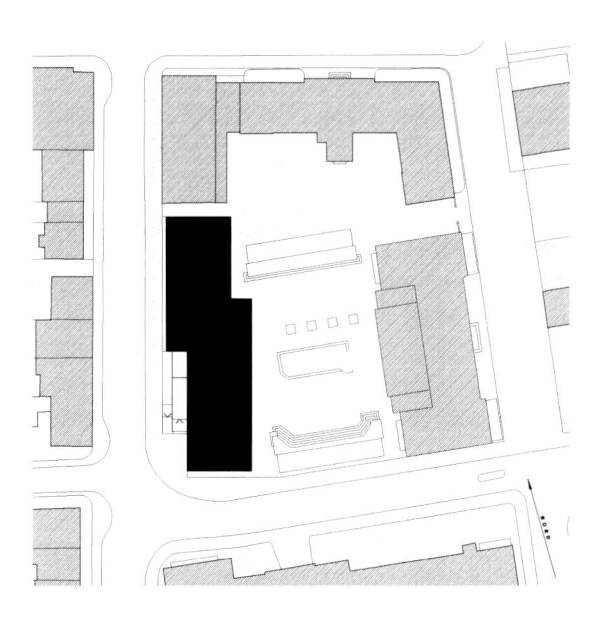

54

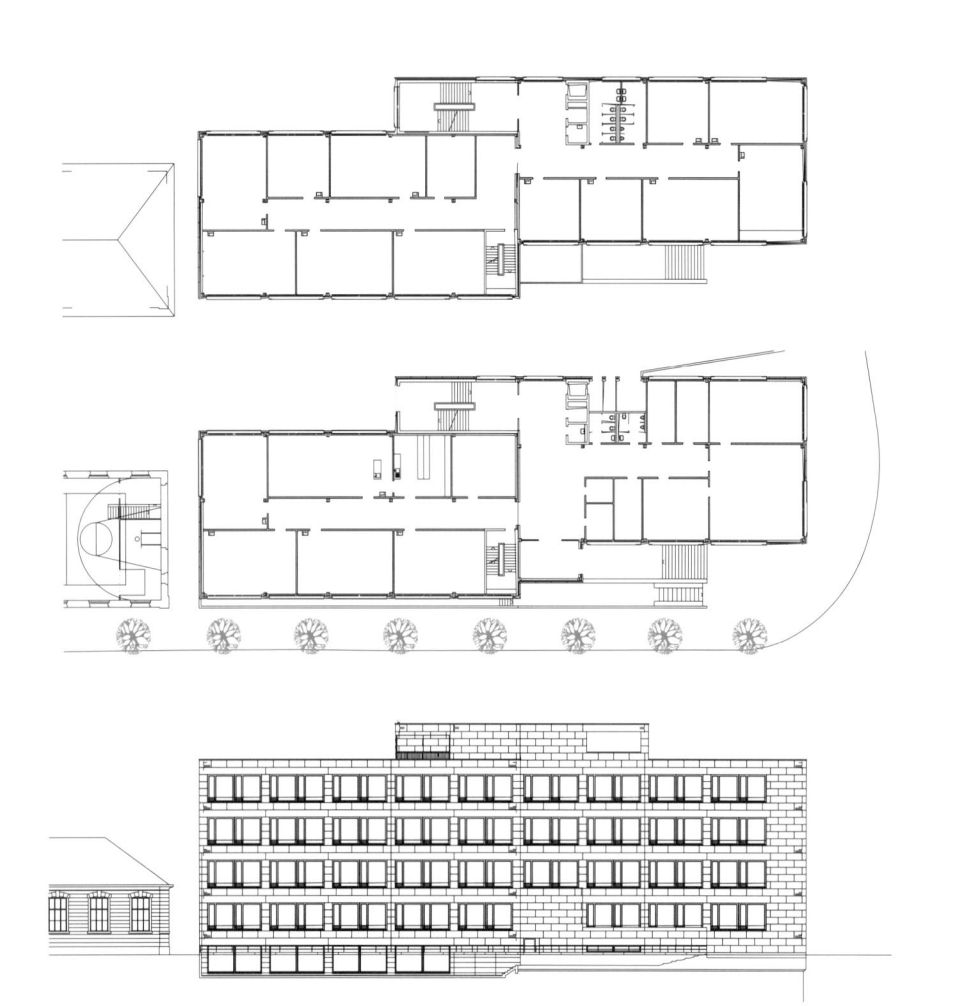

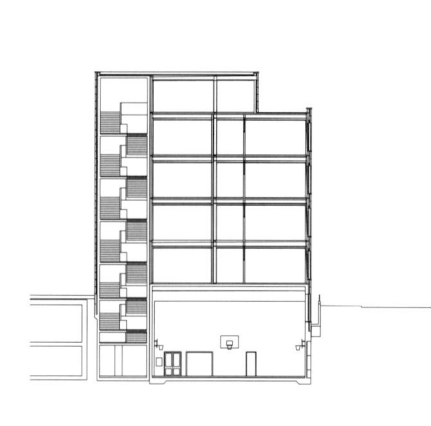

Damit klingt bereits aussen an, wie sich der Bau innen strukturiert. Die interne Treppenanlage nämlich schiebt sich längs der Hoffassade vor und bildet mit der Aussentreppe eine rotationssymmetrische Figur. Anders als in traditionellen Schulhäusern sind Treppe und Korridore hier kein starres, T-förmiges Erschliessungssystem, sondern werden zur geschmeidigen Figur, die an unterschiedlichen Räumen und Wandfluchten entlangleitet und über einladend helle Etagenfoyers schliesslich in dunkel-intime Gänge mündet.

Diese schmalen Korridore des kompakten Zweispänners führen in dann überraschend weit und offen wirkende Klassenzimmer, in denen man sich unvermutet mitten in der Stadt wiederfindet: Die grossen Öffnungen nämlich wirken wie Schau-Fenster, durch die das Licht und die Strukturen und Farben der Stadt nach innen dringen. Peter Suters Farbkonzept für die Klassenzimmer stärkt diese Wirkung, indem es den tonalen Reichtum des Aussenraums mit seiner Vielfalt an Gebäuden unterschiedlichster Bauzeit und die reiche Palette an Verputztönen aufnimmt und die beruhigende Balance herstellt: Das Schulzimmer wird hier zum gemeinsamen Erlebnisbereich von Ort, Zeit und Raum.

Schulbau **Leonhard-Schulhaus, Weiterbildungsschule**

Standort Leonhardstrasse 15   **Bauaufgabe** Neubau für die Weiterbildungsschule mit zusätzlichen Räumen für das Gymnasium, Dreifach- und Einfachturnhalle   **Architekten** Burckhardt + Partner, Basel   **Projektdaten** Wettbewerb 1994, Ausführung 1994–98   **Gesamtinvestition** 40,5 Mio. CHF

Kontrastreicher Stadtraum

Mit dem Gymnasium am Kohlenberg – Bauten von Heinrich Reese (1883/84) und die städtebaulich markante Erweiterung durch Theodor Hünerwadel (1904–06) –, dem benachbarten Holbeingymnasium in einem 1957–59 nach Plänen von Giovanni Panozzo erstellten Bau und dem Komplex der Musikschule zwischen Leonhardstrasse und Leonhardsgraben ist der Kohlenberg eines der grossen Ausbildungszentren der Stadt. Als Folge der Schulreform wurden die beiden Gymnasien zusammengelegt und der Komplex um eine von insgesamt fünf kantonalen Weiterbildungsschulen verdichtet.

Rund 2000 Jugendliche bewegen sich hier auf engstem Raum – in einem dichten Gefüge aus den grossen Volumen repräsentativer Bauten unterschiedlichster Stilepochen und den im Gegensatz dazu eher kleinteiligen, dafür aber sehr facettenreich gestalteten Aussenräumen. Das neue Schulhaus versteht sich dabei als integrativer Schluss-Stein in diesem Mosaik:

Als kompakter Baukörper nimmt dieses grösste Schulbauprojekt des Kantons die Grossmassstäblichkeit der älteren Schulhäuser auf. Ausgeglichen wird die Körnigkeit der Bauvolumen dabei auch hier wieder durch fein differenzierte Aussenräume: Dank der mäanderartigen Struktur mit weit in den Raum greifenden Flügeln ergeben sich vielfältig nutzbare Höfe unterschiedlichster Prägung.

Im Nordwesten legt sich der Bau als langes, ruhiges Volumen mit einer klar definierten Eingangszone an die Leonhardstrasse. Er schliesst damit die Anlage zum Strassenraum hin ab und festigt gleichzeitig den Bezug zum benachbarten Musikschul-Komplex. Mit seiner schnörkellosen Architektur, dem regelmässigen Muster der horizontal wie vertikal lesbaren Befensterung und dem Aufbau aus mehrheitlich vorfabrizierten Elementen gibt sich dieser sachlich-pragmatische Zweckbau ebenso zeittypisch wie seine älteren Gegenüber.

Die drei funktionalen Teile sind aussen ablesbar: Das Sockelgeschoss nimmt die öffentlichen Nutzungen auf. In den vier Obergeschossen sind die Klassenzimmer der Weiterbildungsschule und die Naturwissenschaftsräume des Gymnasiums untergebracht. Und in den Untergeschossen befinden sich die über ein Feld aus Glasbausteinen belichtete Dreifachturnhalle und eine Einfachturnhalle, die ebenfalls über ein Streiflicht mit dem Aussenraum Verbindung hält. Aufgebrochen wird die betonte Sachlichkeit dieses Gebäudes durch die eigenwillige Farbe der Fassade: Das warme Rot der eingefärbten Kunststeinplatten führt in dieser Umgebung einen neuen Kontrast ein und bewahrt so der neuen Schule auch im dichten Ensemble ihre Eigenständigkeit.

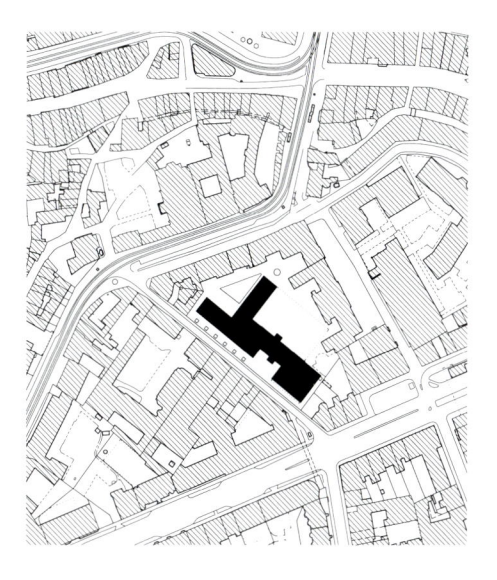

58

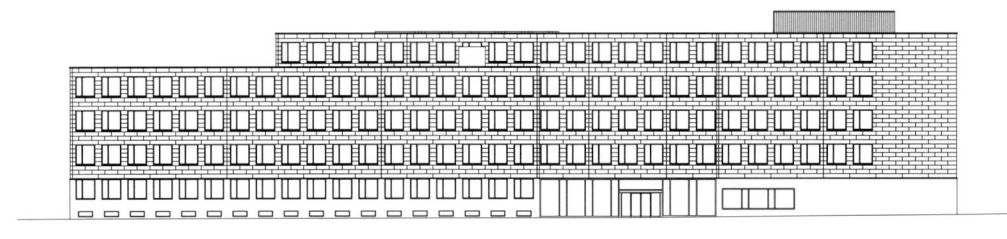

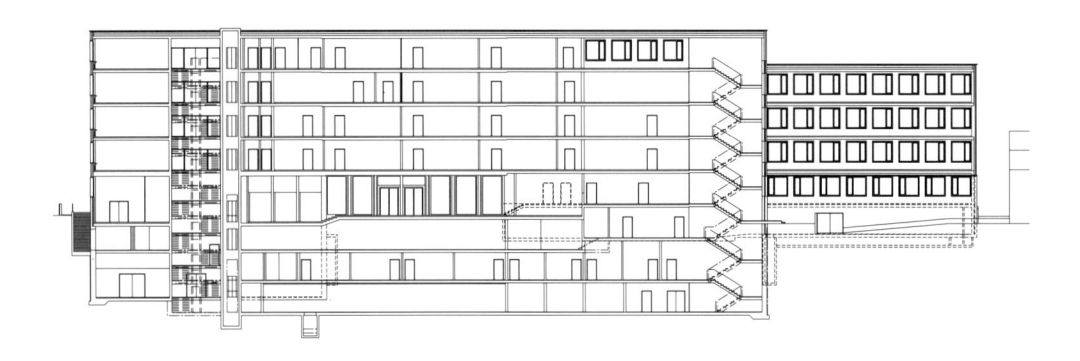

59

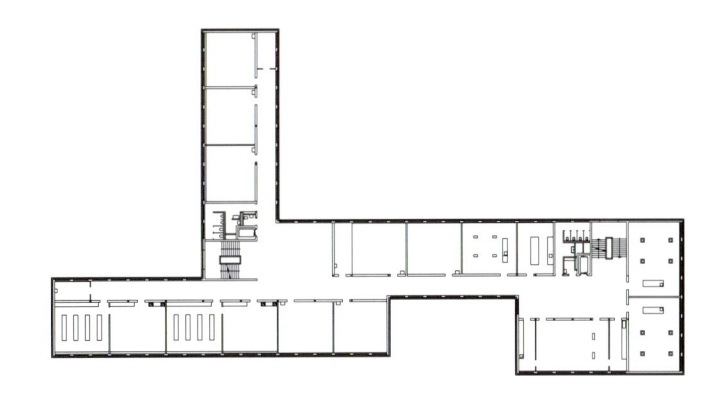

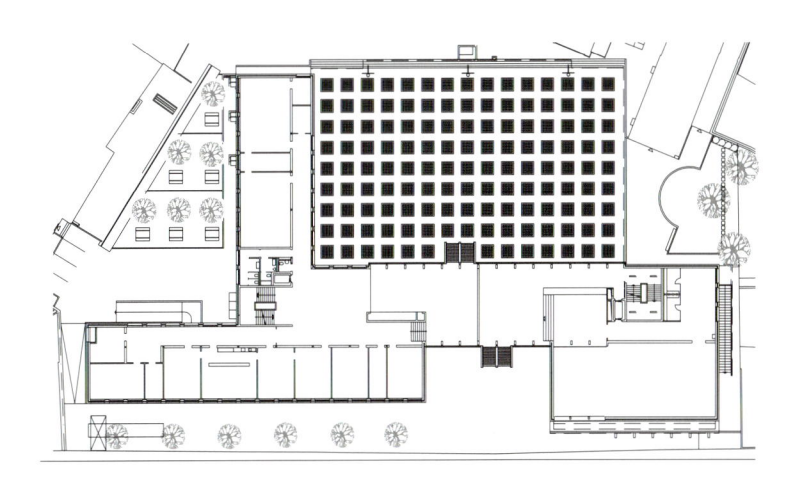

Schulbau **Volta-Schulhaus, Primarschule**

Standort Wasserstrasse 40   **Bauaufgabe** Neubau für zwölf Primarschulklassen mit unterirdischer Dreifachturnhalle   **Architekten** Miller & Maranta, Basel
Projektdaten Wettbewerb 1996, Ausführung 1998–2000   **Gesamtinvestition** 19 Mio. CHF

Die Stadt im Schneckenhaus

Das St. Johanns-Quartier ist ein typisches Arbeiterquartier mit einem traditionell hohen ausländischen Anteil an der Wohnbevölkerung. Zwischen der Elsässer Bahnlinie im Westen und dem Rhein schliesst hier von Norden mit der charakteristischen Blockrandstruktur die Stadt des 19. Jahrhunderts an die mittelalterliche Kernstadt. Im nördlichen Bereich jedoch, dort, wo die Wohnstadt auf die Industriestadt trifft, wird diese Struktur von den kompakten Volumen neuerer Bebauungen bedrängt. Dazu kommen vereinzelte Bauwerke industrieller Nutzung, die sich vom Rheinhafen her über die Grenze der Voltastrasse hinweg in das Wohngebiet vorschieben.

Einer dieser Baukörper ist das vom Bund vorgeschriebene Pflichtlager für Schweröl: Wie ein Findling liegt das sperrige Volumen zwischen den Wohnhäusern der Wasserstrasse und der Mülhauserstrasse. Nach jüngsten Bestimmungen muss der Kanton nurmehr halb so viele Vorräte lagern. Und mit dem Abbruch des südlichen Gebäudeteils ergab sich in diesem dichten Stadtquartier Raum für ein neues Schulhaus.

Der neue Baukörper will hier aber bewusst nicht eine – längst überholte – Ordnung wiederherstellen, sondern bewahrt und verstärkt die Grenzsituation: Er setzt sich genau in die Abbruchgrube, senkt in das 30 x 40 m grosse Loch eine Turnhalle und baut auf ihr ein Haus auf, das in Volumen, Form und Farbe das alte Lager neu ergänzt. Die andere Nutzung stellt dabei das Gleichgewicht her zwischen Industrie und Wohnen und fängt damit den Druck von Norden ab.

Auch der Aufbau der neuen Schule spinnt das vorgefundene Muster weiter: Die Schichtenstruktur des Tanklagers bleibt in den vertikalen Schichtungen des neuen Bereichs lebendig. Um die grosse Spannweite der Turnhalle zu überbrücken, ist das Schulhaus aus vier tragenden Scheiben konstruiert. Jeder dieser Scheiben sind pro Stockwerk ein Klassenzimmer und ein Spezialraum zugeordnet. Die Klassenräume liegen dabei jeweils an den Aussenfassaden. Die Spezialräume hingegen werden von innen her belichtet – über je einen grosszügig verglasten Lichthof, der die Stockwerke vom hier offenen Dach bis zum Erdgeschoss durchstösst.

Dank dieser Höfe entwickelt der von aussen so sachlich-strenge Bau ein überraschend reiches Innenleben. Die Höfe erlauben den

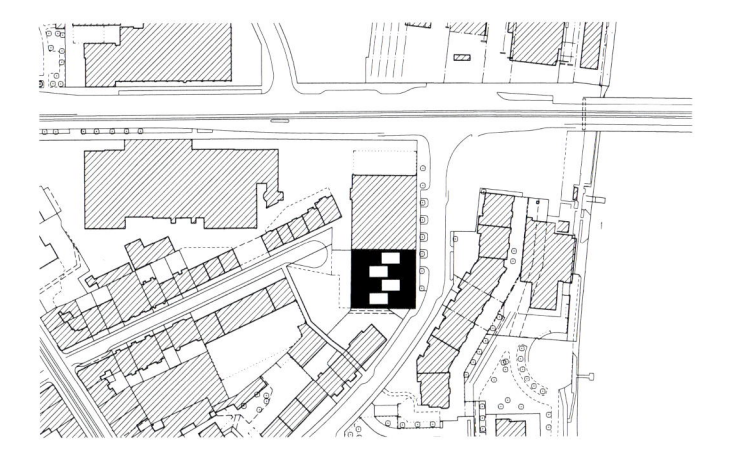

Sichtkontakt zwischen allen Ebenen und holen den Aussenraum nach innen. Die ebenso klar und eindeutig erscheinende interne Ordnung – Klassenzimmer, Lichthof, Vorplatz, Spezialraum und für je zwei Schichten ein vertikales Erschliessungselement – wird zudem durch einen kaum spürbaren Eingriff unterwandert: Lichthöfe und Treppenhaus nämlich sind nur fast symmetrisch gestaffelt und die Höfe auch nicht immer gleich gross. So ergibt sich ein dichtes Spiel aus unterschiedlichsten Querbezügen, aus Durchblicken, Ein- und Ausblicken, aus «öffentlichen» Plätzen und den intimeren Bereichen der schmalen Gänge und stillen Klassenzimmer – die Stadt erscheint wie nach innen gestülpt und präsentiert sich dort in fast orientalisch anmutender Erlebnisdichte.

63

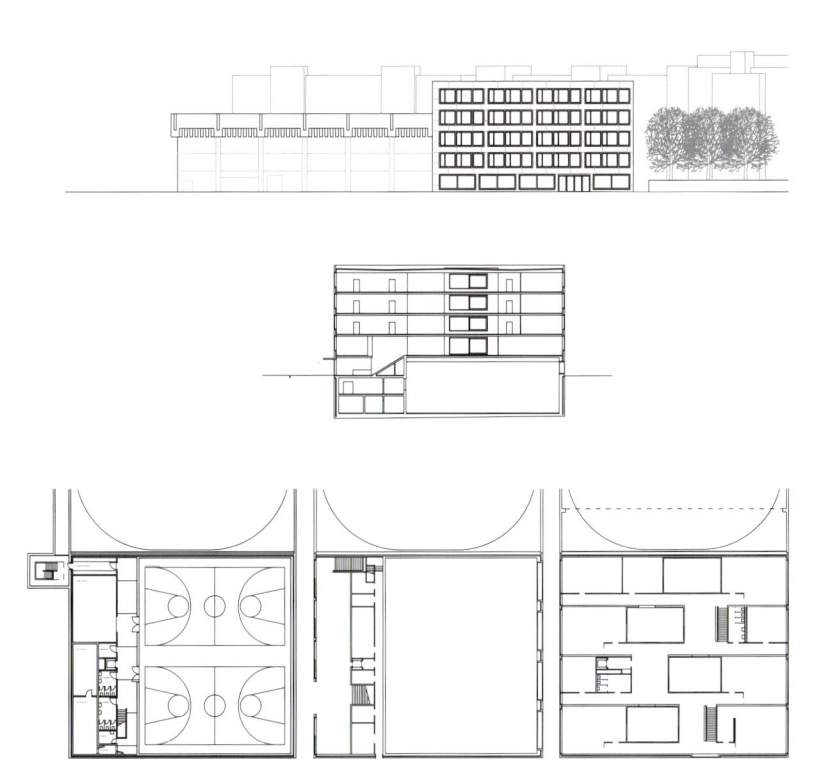

UNIVERSITÄTSBAUTEN

Die Universität in der Stadt
Werner Vetter

Institutsgebäude Engelhof
Anatomisches Institut
Pharmazentrum der Universität

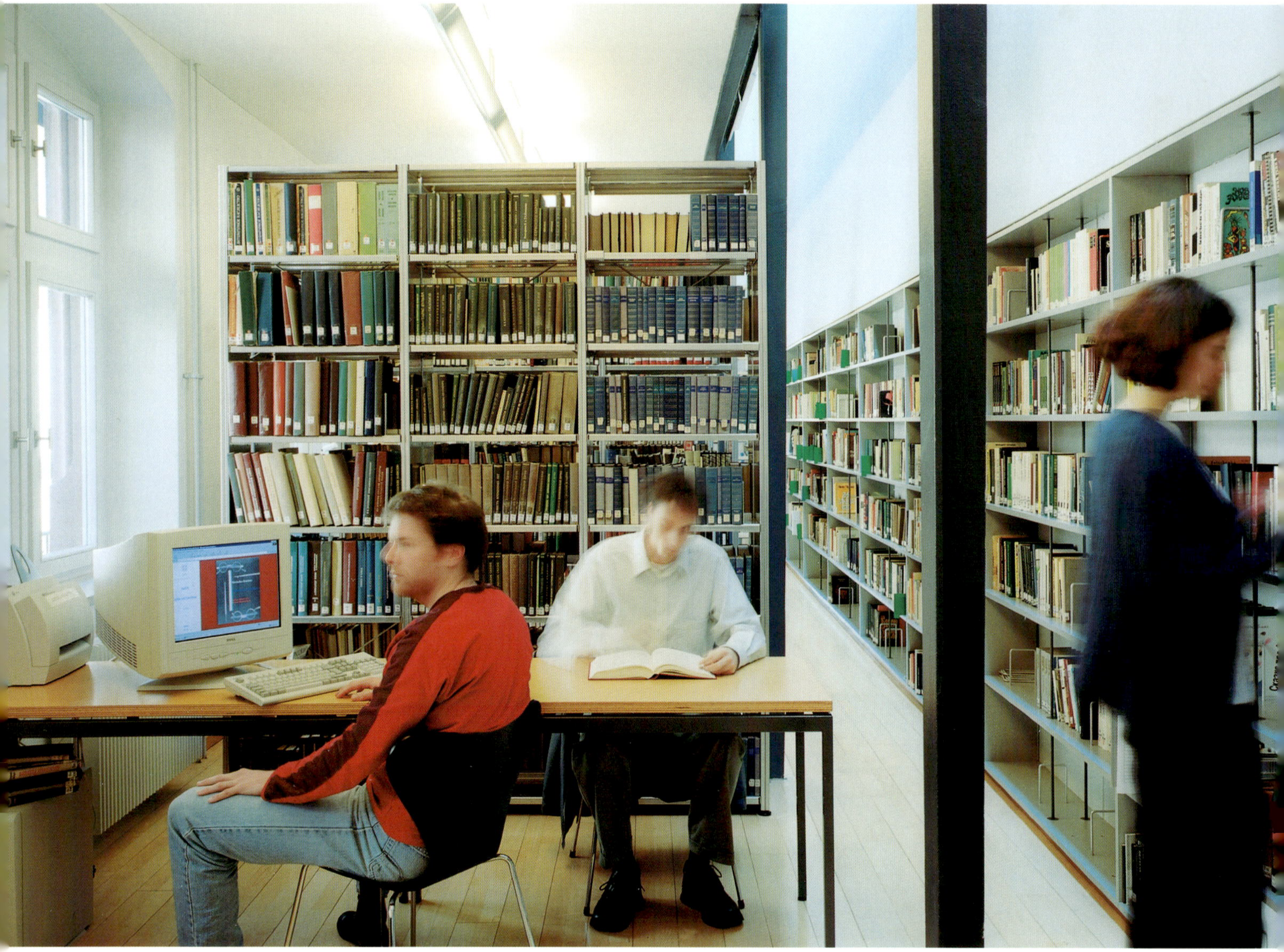

DIE UNIVERSITÄT IN DER STADT

Werner Vetter

In den 60-er Jahren planten fast alle Hochschulkantone der Schweiz eine Verlegung der Universitäten aus der Stadt an den Stadtrand oder in die Agglomeration. Dem damaligen Trend entsprechend war auch in Basel eine Verlegung der Universität auf das Bruderholz vorgesehen. Es ist ein Glücksfall, dass die Auslagerung der Universität und damit die Realisierung einer Universitätsstadt auf grüner Wiese in Basel im Gegensatz zu anderen Kantonen nie verwirklicht wurde. Die Stadtuniversität hat viele Vorteile. Sie vereinfacht die wichtige Kommunikation zwischen der Universität und der Bevölkerung und wirkt somit dem sprichwörtlichen Rückzug der Forschung in den Elfenbeinturm entgegen. Es ist zudem die ökonomischere Lösung, weil die Stadt viele Infrastrukturen, welche auf grüner Wiese neu erstellt werden müssten, bereits anbieten kann. Nicht zuletzt tragen die über 8000 Studierenden einen nicht unwesentlichen Teil zur Belebung und zur Vielfalt der Stadt bei.

Andererseits ist es in der Stadt nicht immer einfach, Universitätsbauten zu erstellen und zu erneuern. Die Gründe dafür sind die beschränkten Baulandreserven im Zentrum der Stadt und die Konkurrenz zu den übrigen Bauvorhaben der öffentlichen Hand. Anfangs der 80-er Jahre hat das Baudepartement deshalb ein System und ein Konzept für eine langfristige bauliche Entwicklung der Stadtuniversität Basel ausgearbeitet. Entstanden ist das Prinzip der Sachplanungen, welches später auch für alle anderen Politikbereiche übernommen wurde. Die Sachplanung basiert auf klaren Zielsetzungen, der Bedarfsplanung der Universität und einer Bauplanung, welche vom Baudepartement erarbeitet wird.

Im Jahre 1986 wurde das Konzept der Konzentration der Institute und Seminarien um die bereits bestehenden Zentren der Fakultäten entwickelt und beschlossen. Mit dem Pharmazentrum ist das letzte Projekt dieses damals festgelegten Prinzips realisiert. Weitere Universitätsbauten dieses Konzeptes sind der Rosshof, der Engelhof oder die Erweiterung des Anatomischen Instituts. Ein Ziel der damaligen Planungen war auch die Rückgewinnung von zweckentfremdetem Wohnraum. Dies ist heute nur zum Teil erreicht und soll in der kommenden Etappe der Sachplanung weiter verfolgt werden. Bereits eingeleitet ist die nächste Phase mit der so genannten Testplanung über das Areal Schällenmätteli und Frauenspital. Auf diesem Areal sind Neubauten mit dem Schwerpunkt «Life Sciences» vorgesehen. Ein weiterer Schwerpunkt wird in den kommenden Jahren die Verbesserung der räumlichen Situation der Geisteswissenschaften sein. Einige viel versprechende Projekte für diese Fakultät sind in Reichweite, wie etwa die die Umnutzung der alten Gewerbeschule auf der Lyss oder des Vesalianum.

Das Kernstück der rollenden Sachplanung ist ein Termin- und Investitionskostenplan mit allen vorgesehenen Bauvorhaben über mindestens 10 Jahre. Dies ermöglicht nicht nur einen Gesamtüberblick, sondern auch laufend Anpassungen aufgrund veränderter hochschulpolitischer oder finanzieller Rahmenbedingungen.

Für die Zukunft der Universität Basel sind engagierte und innovative LehrerInnen, ForscherInnen und Studierende von zentraler Bedeutung. Aussergewöhnliche Leistungen können jedoch nur erbracht werden, wenn auch die geeignete Infrastruktur zur Verfügung steht. Von der Idee bis zum Bezug eines neuen Gebäudes vergehen im Durchschnitt über 10 Jahre, in welchen sich die räumlichen und technischen Anforderungen sowie die Belegung mehrfach ändern. Geplant sind für die nächsten Jahre weitere grosse Projekte für die Universität Basel. Es ist zu hoffen, dass mit der langfristigen Sachplanung weiterhin in kleinen, aber kontinuierlichen Schritten die dringend notwendige bauliche Erweiterung und Erneuerung der Universität fortgesetzt werden kann.

Universitätsbauten **Institutsgebäude Engelhof**

Standort Nadelberg 4   **Bauaufgabe** Umbau eines historischen Gebäudes für das Deutsche, Nordische und Slawische Seminar
Architekten Silvia Gmür mit Vischer AG, Basel   **Projektdaten** Direktauftrag 1987, Ausführung 1988–90   **Gesamtinvestition** 10 Mio. CHF

Architektonische Reise durch die Geschichte

Eine Universität auf der grünen Wiese stand im Stadtkanton nicht nur aus Platzgründen nie ernsthaft zur Diskussion. Die Institution ist seit Jahrhunderten eng mit der Geschichte Basels verbunden und soll es auch in Zukunft bleiben. 1982 erarbeitete das Hochbauamt daher ein betriebliches und bauliches Entwicklungskonzept für die Universität, das vorsah, verwandte Institute um die bestehenden Zentren zu konzentrieren.

Durch einen glücklichen Zufall wurde damals am Nadelberg ein grosses Ensemble in unmittelbarer Nachbarschaft zum Standort der klassischen Philologie sowie des Philosophischen und Englischen Seminars im Schönen Haus frei. 1984 entschied der Kanton, die Liegenschaft für das Germanistische, Nordische und Slawische Seminar zu kaufen, so dass der Grossteil der Sprachwissenschaften nun am Rand der Altstadt und in nächster Nähe zum Hauptgebäude der Universität zusammengefasst sind.

Der Engelhof gehört zu den architektonisch wie historisch bedeutendsten Ensembles der Stadt. Im Zentrum dieser in rund 700 Jahren immer wieder erweiterten und den Bedürfnissen angepassten Anlage, die sich in die Reihe der grossen Bauvolumen auf dem Westplateau über der Talstadt fügt, steht ein palaisartiges Wohnhaus aus dem 15. Jahrhundert. In seinen Räumen wurde u.a. 1500 der Basler Friede unterzeichnet.

Der Umbau des zuletzt als Hotel genutzten Komplexes versteht sich als «erhaltende Erneuerung» einer gewachsenen Anlage, die sich ihre starke Ausstrahlung trotz vieler Eingriffe stets bewahren konnte. In sensibler Abwägung denkmalpflegerischer, funktioneller, gestalterischer und bautechnischer Forderungen wurde das Ensemble den neuen Zwecken angepasst. In Anlehnung an einen frühen Universitätstypus mit zentralem Hof und vom Kreuzgang her erschlossenen Schulungsräumen wurden die additiv aneinander gewachsenen Bauteile durch ein zusammenhängendes Erschliessungssystem zur Einheit verbunden.

Neue Bauteile, die sich aus der veränderten Nutzung und statischen Notwendigkeiten ergaben, sind als – reversible – Eingriffe sichtbar gemacht. Die zurückhaltenden Details wurden aus dem Ort und der jeweiligen Funktion entwickelt. Sie schliessen damit an die vorgefundene Heterogenität an, wirken aber durch ihre Konstanz in Material, Farbe und Ausdruck zugleich auch als Klammer, die den Zusammenhalt der unterschiedlichen Bauteile unterstützt.

Ein architektonisches Konzept, das den Raum als Form in den Vordergrund stellt und das Licht als raumbildendes Element einsetzt, macht den Reichtum der räumlichen Situation erlebbar. Kleine Fenster, ungewohnte Arbeitssituationen und knarrende Böden werden kompensiert durch die überall spürbare Präsenz der Geschichte. In der Bibliothek unter dem mächtigen Dach mit seiner für das 15. und 16. Jahrhundert typischen, in diesen Ausmassen jedoch einmaligen Konstruktion wird die Zeitdimension vielleicht am eindrücklichsten erlebbar.

70

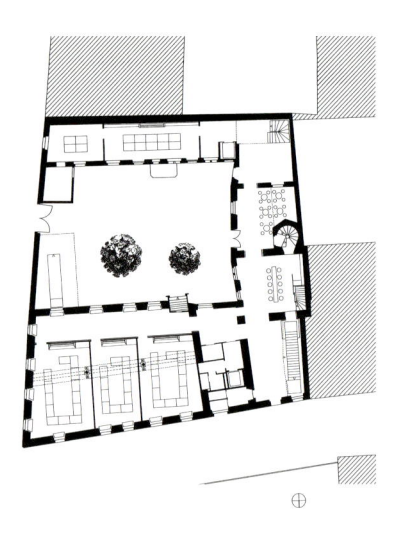

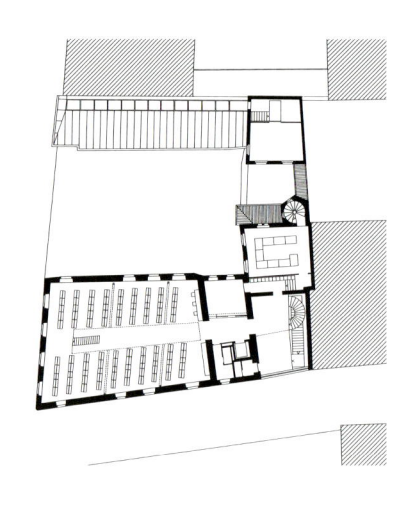

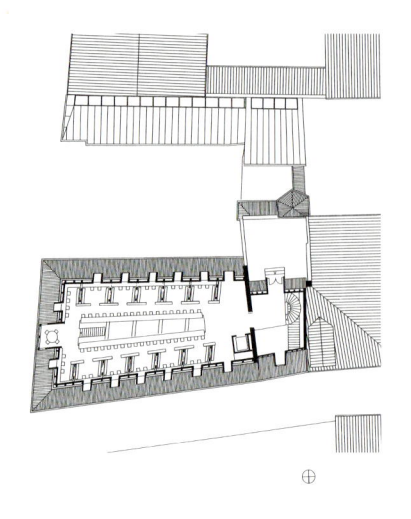

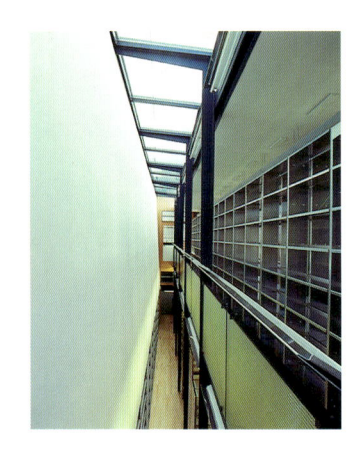

71

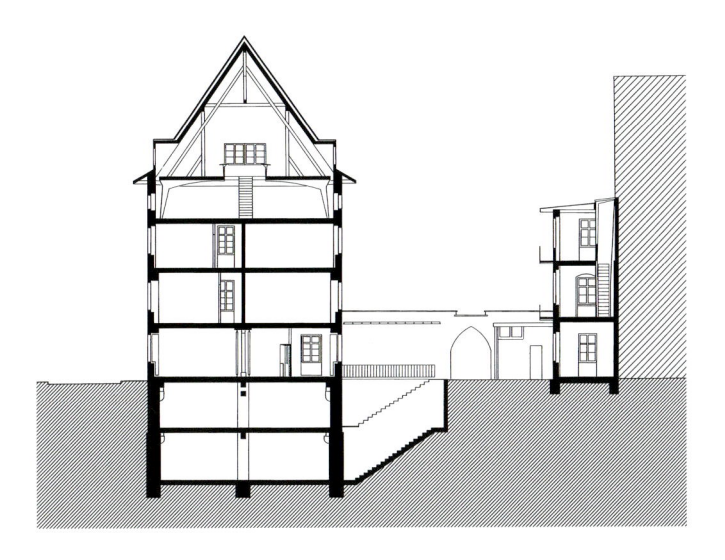

Universitätsbauten **Anatomisches Institut**

Standort Pestalozzistrasse 20   **Bauaufgabe** Umbau Institutsgebäude, Neueinrichtung Übungsräume, Bibliothek und Anatomisches Museum. Erweiterungsbau für Hörsaal, Präpariersaal und Makroskopie. Neubau Prosektur GMI
Architekten Fierz & Baader, Basel   **Projektdaten** Studienauftrag 1989, Ausführung 1992–96   **Gesamtinvestition** 21 Mio. CHF

Der stille Fels

Seit 1918 residiert das Anatomische Institut an der Pestalozzistrasse – dort, wo einst mit dem Elsässer Bahnhof Basels erstes Eisenbahngebäude innerhalb der eigens dafür erweiterten Stadtmauern stand. Der damalige Kantonsbaumeister Theodor Hünerwadel liess dafür nach eigenen Plänen ein repräsentatives Gebäude errichten, dessen Hörsaal von allen Instituten der Medizinischen Fakultät genutzt wurde. 1925/26 kam in unmittelbarer Nachbarschaft das ebenfalls von Hünerwadel entworfene Physikalisch-Chemische Institut hinzu.

Beide Gebäude wurden immer wieder den ständig wachsenden Bedürfnissen angepasst. Neue Einheiten kamen hinzu, schoben sich an- und umeinander und machten das Geviert Klingelbergstrasse-Pestalozzistrasse-Spitalstrasse-St. Johanns-Ring im Laufe der nachfolgenden Jahrzehnte zu einem kompakten Schwerpunkt der medizinisch-naturwissenschaftlichen Bereiche der Universität. Seit Beginn der 70-er Jahre war vorgesehen, das arg beengte und durch die Nutzungsverflechtungen im betrieblichen Ablauf stark behinderte Anatomische Institut zu erweitern. Ein konkretes, auf die generelle Neuorientierung der Universität abgestimmtes Raumprogramm kam jedoch erst 1988 zustande.

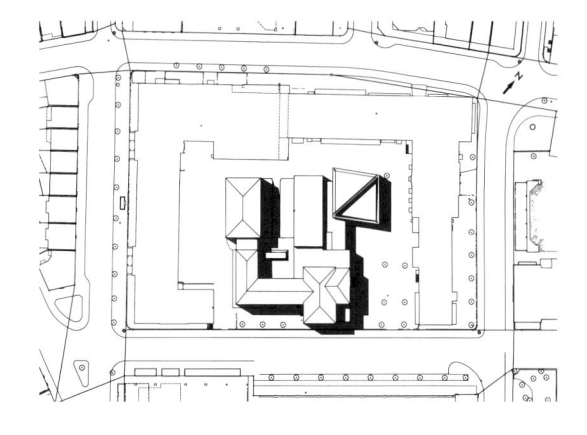

Mit den neuen Um- und Ausbaumassnahmen sind die verschiedenen Organisationsbereiche nun räumlich klar gegliedert. Das anatomische Institut ist im Altbau zusammengefasst: Der frühere Hörsaal wurde dafür zur Bibliothek umgebaut, die auch die Fotografische Sammlung aufnimmt. Das früher im Obergeschoss untergebrachte Anatomische Museum wurde in den rückwärts anschliessenden Präpariersaalflügel verlegt. Die Labors sind im schmalen südwestlichen Anbau zusammengefasst. Das Gerichtsmedizinische Institut erhielt unter dem intimen Hof der U-förmig aneinander anschliessenden Bauteile einen neuen Ort mit rückwärtiger Zufahrt.

Markantestes Gebäude ist ein neuer Baukörper für einen Hör- und einen Präpariersaal, der über eine dem Altbau vorgelagerte Erschliessungsschicht – mit neuem Haupteingang – an diesen anschliesst. Er wurde in den zentralen Eingangshof zwischen dem Anatomischen Institut und den Erweiterungsbauten des Physikalischen Instituts eingepasst.

Seine eigenwillige Form reagiert auf den Ort und das anspruchsvolle Raumprogramm: Um den vom Erdgeschoss in die Tiefe abgetreppten Hörsaal stützenfrei zu halten, wurde dessen Decke an einem mächtigen, den Kubus diagonal überspannenden Bügel aufgehängt. Ein Oblichtband versorgt den auf dem Hörsaal liegenden Präpariersaal mit dem dort unerlässlichen, störungsfreien Tageslicht. Die schiefen Winkel des Kubus ergeben sich aus der räumlichen Enge des Hofs und dynamisieren die Bewegungsabläufe in diesem frequentierten Zwischen-Raum. Die Geschlossenheit gibt dem Baukörper die notwendige Schwere, um das heterogene Ensemble auszuwuchten. Mit der mattgrauen Haut aus Titanzink wirkt er wie ein erratischer Block, der nicht zuletzt durch seine ernste Ruhe dem Inhalt entspricht.

75

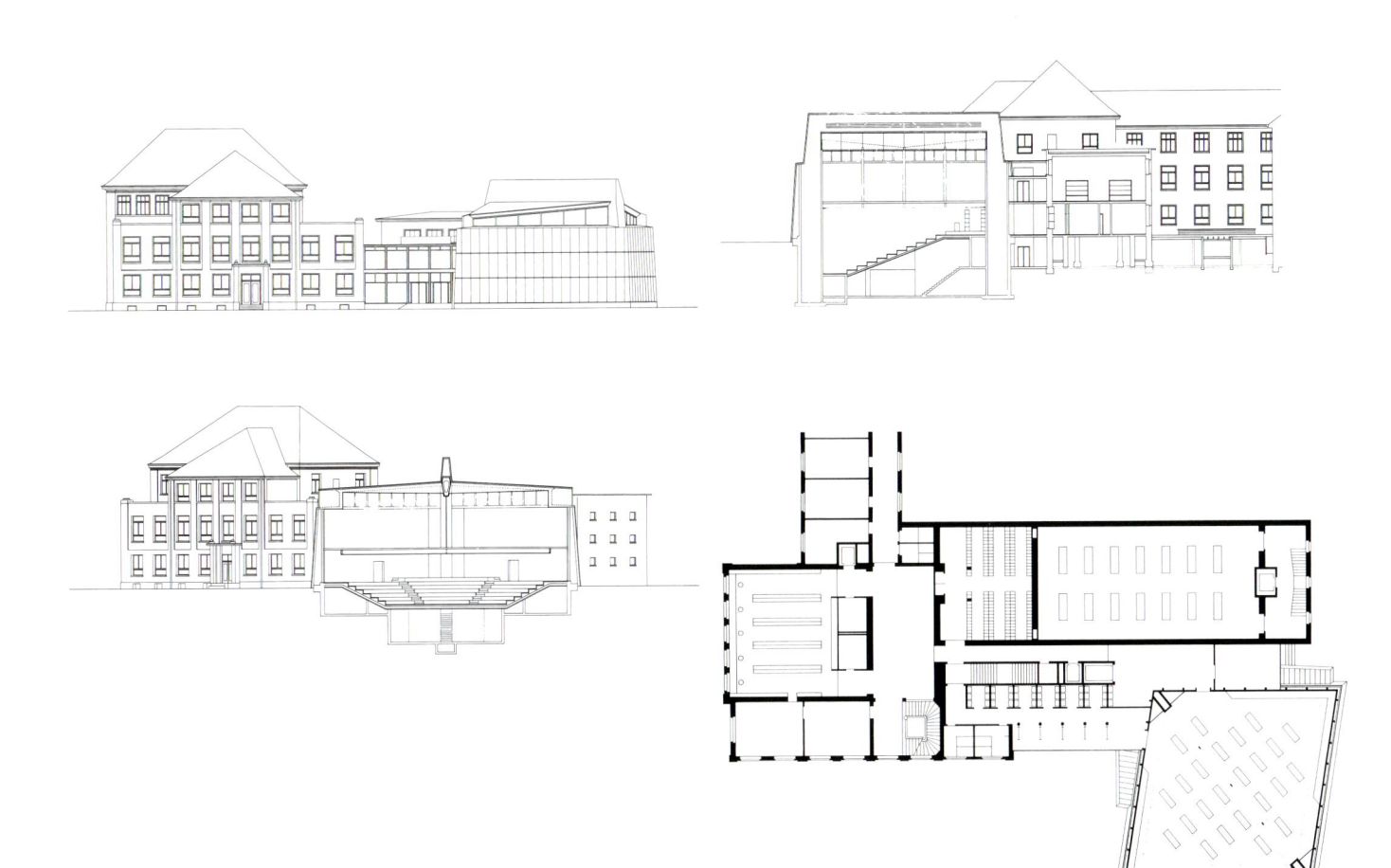

Universitätsbauten **Pharmazentrum der Universität**

Standort Klingelbergstrasse 70 **Bauaufgabe** Neues Institutsgebäude der Phil. II- Fakultät für Lehre und Forschung
Architekten Andrea Roost, Bern und Basel **Projektdaten** Studienauftrag 1987/88, Ausführung 1996–2000
Gesamtinvestition 64,4 Mio. CHF **Projektdaten** Studienauftrag 1987/88, Ausführung 1996–2000 **Gesamtinvestition** 64,4 Mio. CHF

Stadtraum-Inszenierung

Betrachtet man den Stadtplan, so erscheint der Neubau für das Pharmazentrum wie der letzte Mosaikstein, der an der Klingelbergstrasse die Reihe der naturwissenschaftlichen Universitätsbauten komplettiert. Anatomisches Institut und Physikgebäude treten nun zusammen mit dem Bio- und dem neuen Pharmazentrum als Einheit auf, in der sich der Wille, die Universitätsbereiche schwerpunktmässig zusammenzufassen, im Stadtbild manifestiert.

Das neue Institutsgebäude präsentiert sich in Volumen und Ausgestaltung als Erweiterung des benachbarten Biozentrums. Der neue «Kopf», seitlich ergänzt um einen winkelförmigen Flachbau, schiebt sich in eine Lücke zum Kerngebäude des alten Frauenspitals von Vischer und Fueter (1893–96). Alt- und Neubau, Bio- und Pharmazentrum treten als neu proportionierter Gesamtkomplex auf, der dem Strassenraum nun eine eindeutige Fassung gibt und ihn damit beruhigt. Die Fassade des Neubaus spielt mit ihrem vorgehängten Betongitter ebenfalls auf die Sprache des Altbaus an: Im Zusammenspiel zwischen Alt und Neu verliert dieser typische 70-er-Jahre-Bau von Burckhardt + Partner seinen an diesem Ort eher verloren wirkenden Solitärcharakter und erscheint nun als selbstverständlicher Teil einer über die Jahre gewachsenen Komposition.

Gleichzeitig betont dieses markante Fassadenraster auch die Eigenständigkeit des Neubaus, der sich zwar als Weiterführung des Bestehenden versteht, dabei aber ganz bewusst die Nahtstelle zum Nachbargebäude nicht nur sichtbar lässt, sondern als (Neben-)Thema von aussen nach innen weiterführt. Das regelmässige Gitter nämlich führt auch ein neues Leitmotiv ein: Was in der Oberfläche der Fassade als Quadrat erscheint, fügt sich im Baukörper zum Würfel und nähert sich im Zusammenspiel mit dem scharf geschnittenen Volumen des niedrigen Annexbaus mit dessen zur Strasse hin geschlossener, glatter Betonwand der puristischen Sprache der Minimal Art.

Dieses einfache Grundmass fasst die neuen Gebäudeteile zur selbstständigen Einheit zusammen. Was hier aussen anklingt, wird innen zum virtuos inszenierten Lehrstück zum Thema «Raum». Wer nämlich durch die zweigeschossige zentrale Eingangshalle den um sie gruppierten Hörsälen oder den in den Obergeschossen konzentrierten Laborräumen zustrebt, durchmisst einen öffentlichen Stadtraum – einen Ort, der mit einfachsten Elementen und aufs Strengste reduzierten Materialien, mit präzis in die Halle gesetzten Körpern, Wandscheiben und Stützen aus perfekt verarbeitetem Sichtbeton und gezielter Lichtführung zur «promenade architecturale» wird. «En passant» wird so das dichte, auf geometrische Grundelemente reduzierte Labyrinth aus klaren Kuben und scharf geschnittenen Leer-Räumen, aus dunklen Nischen und hellen Durchstichen, Säulen und schmalen Stegen zur urbanen Raumerfahrung.

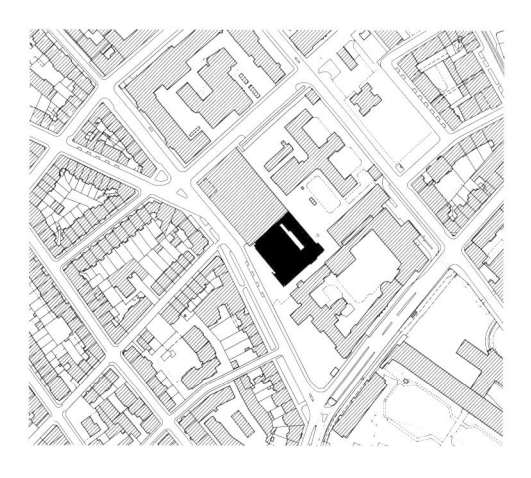

78

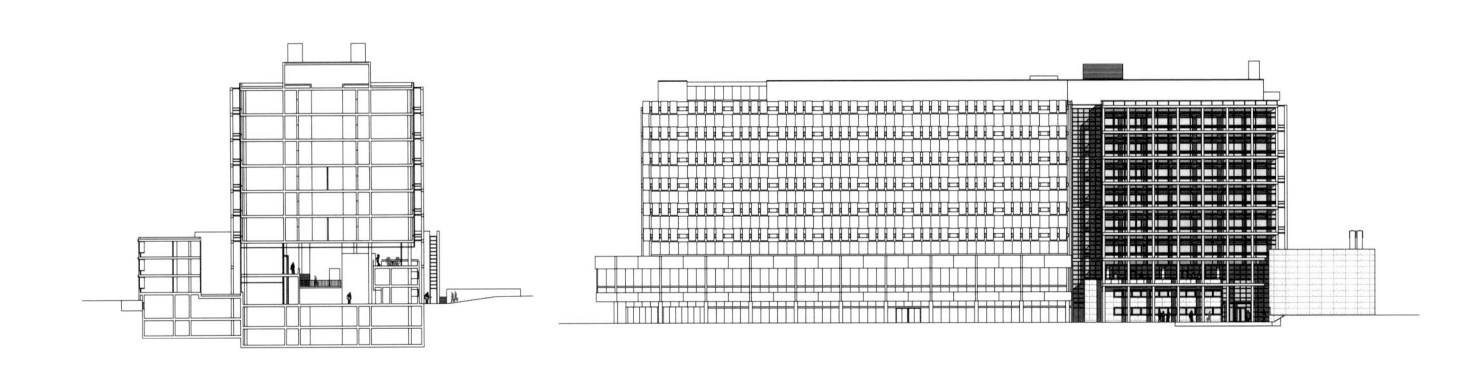

79

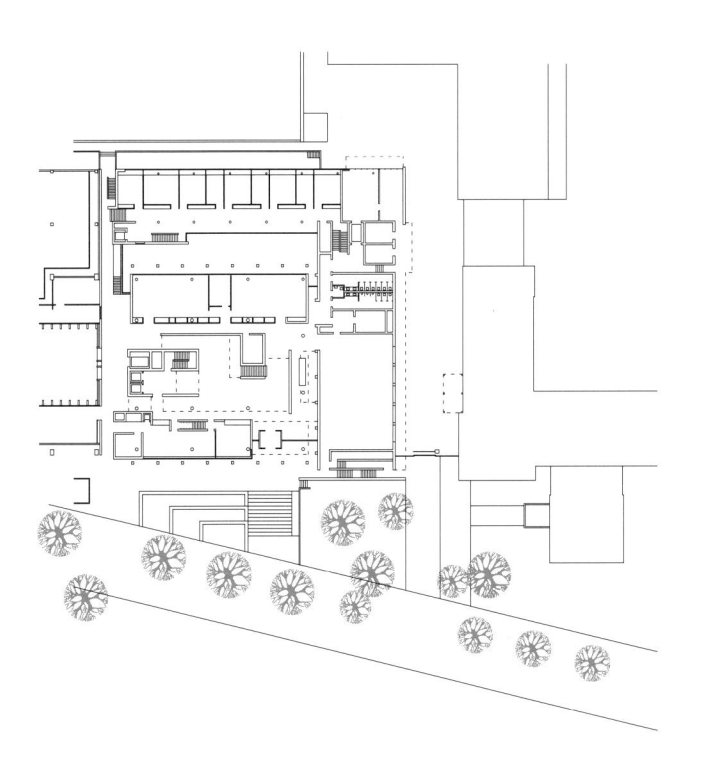

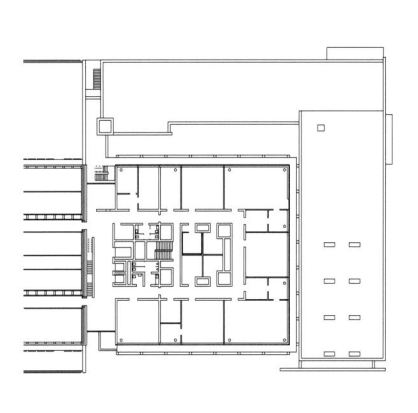

SPITÄLER UND HEIME

Gesundheitswesen als zentrale Dienstleistung
Werner Vetter

Kantonsspital Basel-Stadt – Klinikum 1 Ost
Spitalapotheke
Alters- und Pflegeheim Marienhaus
Alters- und Pflegeheim Kannenfeld
Wohnheim und Förderstätte für geistig behinderte Erwachsene

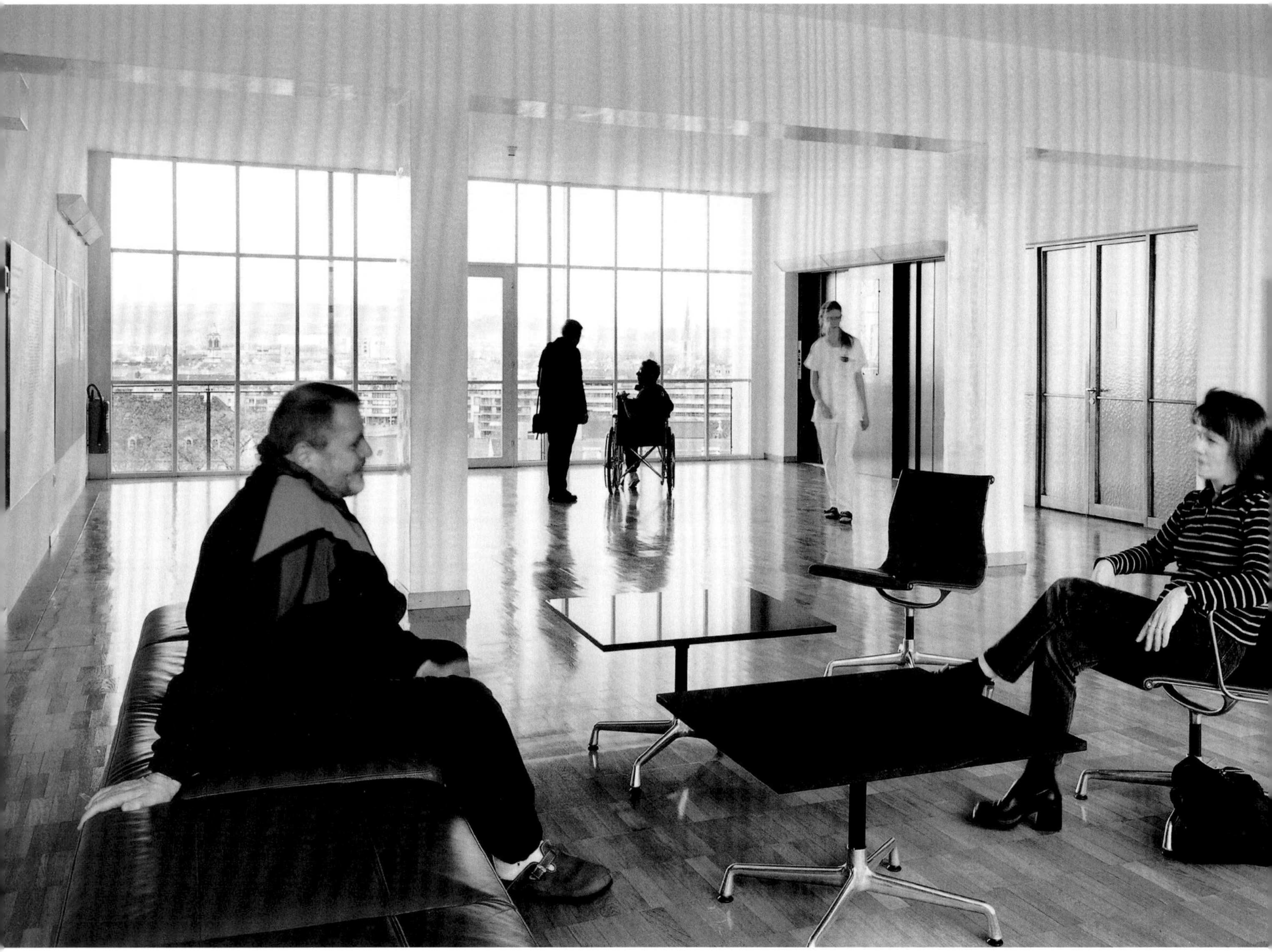

GESUNDHEITSWESEN ALS ZENTRALE DIENSTLEISTUNG

Werner Vetter

Ein Spitalaufenthalt bedeutet in vieler Hinsicht einen schwerwiegenden Einschnitt in die persönliche Lebenssituation. Neben den Sorgen um die Gesundheit muss sich die Patientin und der Patient mit einem ungewohnten Umfeld und mit einer eingeschränkten Privatsphäre abfinden. Für das Wohlbefinden und die Genesung ist nicht nur die qualifizierte medizinische Betreuung, sondern auch eine zeitgemässe, angenehme und menschliche Umgebung im Spital von grosser Bedeutung. Die Qualität der räumlichen Gestaltung in einem Spital hat somit einen direkten Einfluss auf die Genesung.

Dieser Einfluss besteht auch auf die hier arbeitenden Menschen. Von ihnen werden gerade in Universitätskliniken Höchstleistungen gefordert, die es mit dem äusseren Rahmen – eben dem Spitalbau – zu unterstützen gilt. Schon aus diesen Gründen ist es ausserordentlich wichtig, dass Spitäler regelmässig erneuert und den sich ändernden Bedürfnissen angepasst werden.

Diese Vorhaben stellen an alle Beteiligten – sowohl während der Planung als auch während der Ausführung – hohe Anforderungen. Universitätsspitäler sind bezüglich Komplexität etwa mit dem Flugzeugbau vergleichbar. Falsche Planungen oder fehlerhafte Ausführungen können z.B. im Untersuchungs- und Behandlungsbereich schwerwiegende Folgen haben.

Schwierig sind Spitalbauten auch deshalb, weil während eines Planungs- und Realisierungszeitraums von mehreren Jahren oder gar Jahrzehnten laufend neue politische, gesellschaftliche, technische und medizinische Entwicklungen einzubeziehen sind. Aus diesem Grund müssen Spitalbauten möglichst flexibel nutzbar und im Bereich der Installationen und des Ausbaus einfach anpassbar sein.

Bei Spitalbauten stellt sich eine grosse Palette von Aufgaben, von der städtebaulichen Situation über die architektonische Gestaltung innen und aussen, der hochtechnischen Ausrüstungen bis hin zum rationellen und ökonomischen Betriebskonzept. In den letzten Jahrzehnten standen im Spitalbau das technisch Machbare und optimierte betriebliche Abläufe im Vordergrund. Dies führte zu Lösungen, welche heute durch hohe Unterhaltskosten auffallen und dennoch oft nicht den Wünschen und Bedürfnissen der Menschen entsprechen. In unseren Zielsetzungen für Spitalbauten halten wir deshalb immer fest, dass wir zwar auf Funktionalität und hohe architektonische Qualität grossen Wert legen, aber gerade in einem öffentlichen Spital auch auf eine Atmosphäre, welche bei Angestellten, Besuchern sowie Patientinnen und Patienten hohe Akzeptanz findet.

Ein Spital ist somit ein komplexer Organismus, an den viele zum Teil widersprüchliche Anforderungen gestellt werden. Ein guter Spitalbau hat ein klares und einfach zu überschauendes Grundkonzept mit Ausblick- und Orientierungsmöglichkeiten. Mittels Computersimulationen und Musterzimmern werden bei jedem Projekt die räumlichen und farblichen Gestaltungsideen überprüft. In den letzten Jahren hat nicht nur eine Rückbesinnung auf verlorene Werte stattgefunden. Möglichkeiten zur Förderung der Kommunikation und der zwischenmenschlichen Beziehungen, eine angenehme Umwelt und die Arbeitsplatzqualität haben dort ebenfalls an Bedeutung gewonnen. Auch die konsequente Anwendung von umweltgerechten Konzepten und Materialien sollte gerade im Spitalbau selbstverständlich sein. Mit leicht reparierbaren und entsorgbaren Materialien kann bereits heute für die nächste Sanierung vorgesorgt werden.

Ein Neu- oder Umbau ist immer ein Unikat und somit auch ein Prototyp. Ob die gesteckten Ziele jeweils erreicht werden, sollten nicht primär der Bauherr oder die Architekten beurteilen, sondern die Nutzerinnen und Nutzer. Den Beurteilungen durch das Personal, durch die Besucher sowie durch die Patientinnen und Patienten sehen wir deshalb nach jedem Spitalbau mit grossem Interesse entgegen.

Spitäler und Heime **Kantonsspital Basel-Stadt – Klinikum 1 Ost**

Standort Spitalstrasse 21   **Bauaufgabe** Sanierung Ostflügel (Chirurgische Kliniken)   **Architekten** Silvia Gmür (Planung), Berger + Toffol (Bauleitung), mit Kurt Nussbaumer und Suter + Suter AG, alle Basel   **Projektdaten** Planung 1987–90, Ausführung 1990–94   **Gesamtinvestition** 119 Mio. CHF

Vom Umgang mit einem Baudenkmal

Spitäler sind komplexe Grossorganismen, die sich ständig verändern und regelmässig den aktuellen Bedingungen und Ansprüchen angepasst werden müssen, ohne dass ihr Betrieb darunter leidet. Die Sanierung eines bestehenden Spitals ist somit eine der schwierigsten und aufwändigsten Aufgaben der öffentlichen Hand, an deren Planung hier schliesslich mehr als 80 Personen beteiligt waren. Das zwischen 1938 und 1945 errichtete ehemalige «Bürgerspital» – und heutige Klinikum 1 – weist dabei noch eine besondere Eigenschaft auf: Es ist eines der schönsten und bis heute in seiner Organisationsstruktur «modernsten» Spitäler, das in der Folgezeit europaweit zum Vorbild wurde, und als solches auch ein bedeutendes Architekturdenkmal.

1935 erhielt die Architektengemeinschaft Ernst und Paul Vischer, Hermann Baur und Bräuning, Leu und Dürig den Auftrag für den Gesamtplan des Bürgerspitalareals. Verantwortlicher Architekt für den Gesamtplan wie die Detailkonzeption war Hermann Baur. Die Gruppe entwickelte für das umfangreiche Raumprogramm auf vergleichsweise kleinem Grundstück einen neuen Spitaltyp, der die Thesen des Neuen Bauens mit den Anforderungen einer modernen Gesundheitsinstitution verband.

Der Komplex gliedert sich in zwei Hauptvolumen: Ein grosses, 200 m langes, achtgeschossiges Bettenhaus nimmt die Patienten- und Behandlungsräume auf. Ihm ist zur Strasse hin ein niedrigerer, dreigeschossiger Trakt für Untersuchungen, Labors und Unterricht vorgelagert. Fünf Quertrakte verbinden die beiden Baukörper über eine Zwischenschicht, in der sich die Funktionsbereiche in einer Suite von vier quadratischen Höfen einander zuordnen.

Die Qualität dieser Anlage liegt in der Wahrung des menschlichen Massstabs: in der Sorgfalt, mit der die Baumasse so gegliedert wurde, dass sie trotz ihrer Grösse nicht erdrückt und sich Aufenthalt wie Arbeiten darin so angenehm wie möglich gestalten. Dazu gehören die klare Lesbarkeit der Teile und einfache, nutzerorientierte Wegführung ebenso wie das überall spürbare Bemühen, mit den Mitteln der Architektur eine harmonische Atmosphäre zu schaffen.

Damit war auch der Qualitätsmassstab für die Sanierung und Erweiterung gegeben, denn zentrales Anliegen der Modernisierung war es, diese Philosophie zu erhalten. Dies beinhaltete nicht nur einen möglichst schonenden Umgang mit der bestehenden Bausubstanz, sondern auch ein sorgfältiges Abwägen der Erneuerungsmassnahmen. Sämtliche Installationen und Teile des Innenausbaus wurden ersetzt. Das klare Grundkonzept blieb dabei gewahrt und wurde durch Entfernen von Einbauten aus späterer Zeit und kongeniale Sorgfalt in der Materialisierung und farblichen Gestaltung wo immer möglich neu gestärkt.

Auch die inzwischen ebenfalls in Angriff genommene zweite Sanierungsetappe (Klinikum 1 West) versteht sich mit der geometrisch präzisen Ausweitung für einen neuen Untersuchungs- und Behandlungstrakt als Erweiterung und Bekräftigung der bestehenden Gebäudetypologie. – Nicht durch Restauration, sondern durch sensible Revitalisation seiner «Seele» bleibt dieses einzigartige Bauwerk erhalten, das mit der kompromisslos umgesetzen Logik des Konzepts im städtebaulichen, funktionellen und räumlichen Entwurf und der Differenziertheit und um ansprechende Freundlichkeit bemühten Detailgestaltung zwei scheinbar widersprüchliche Qualitäten in sich vereint.

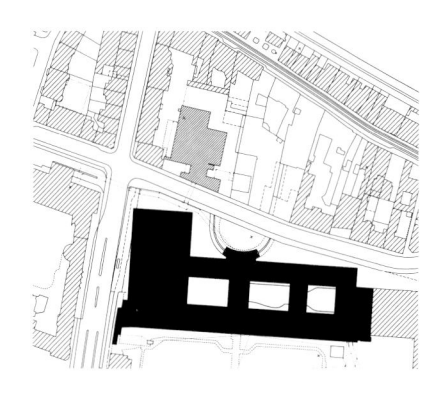

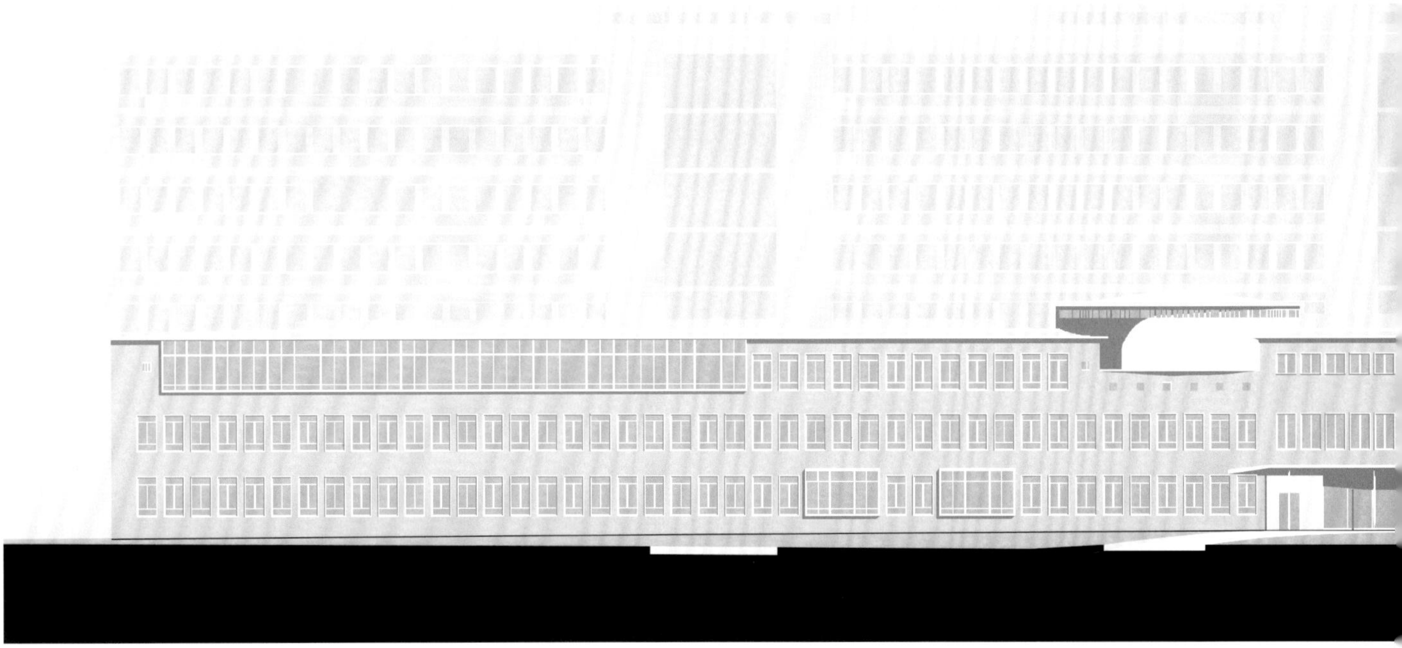

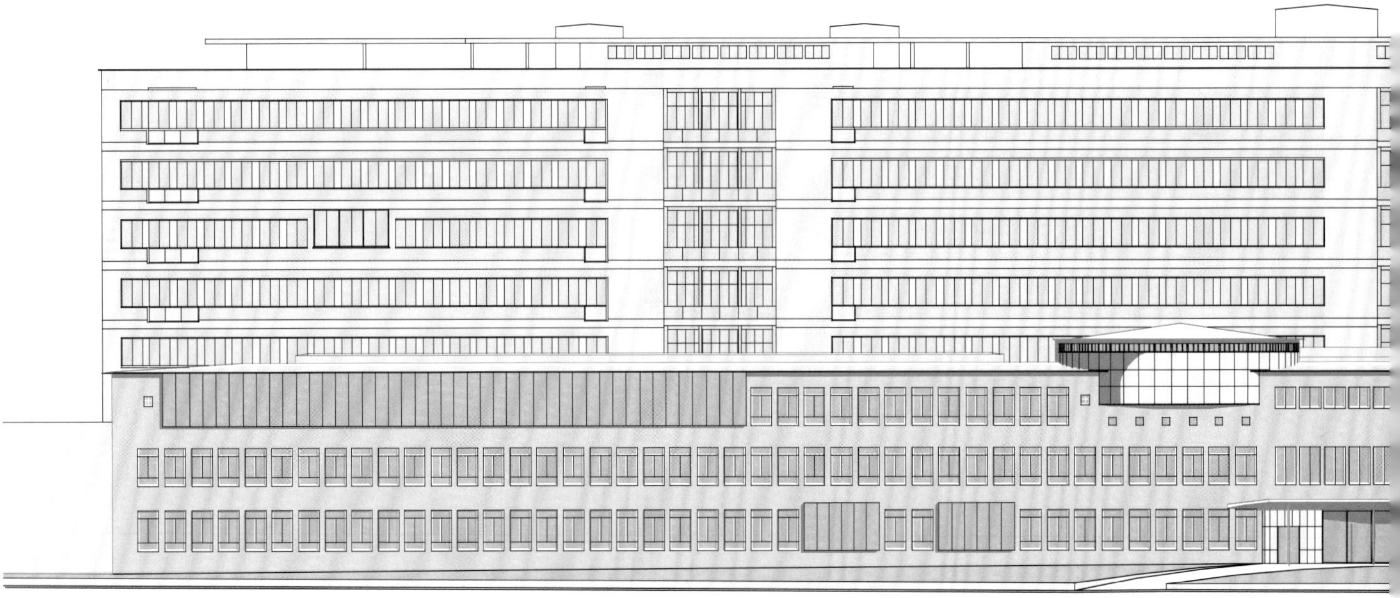

87

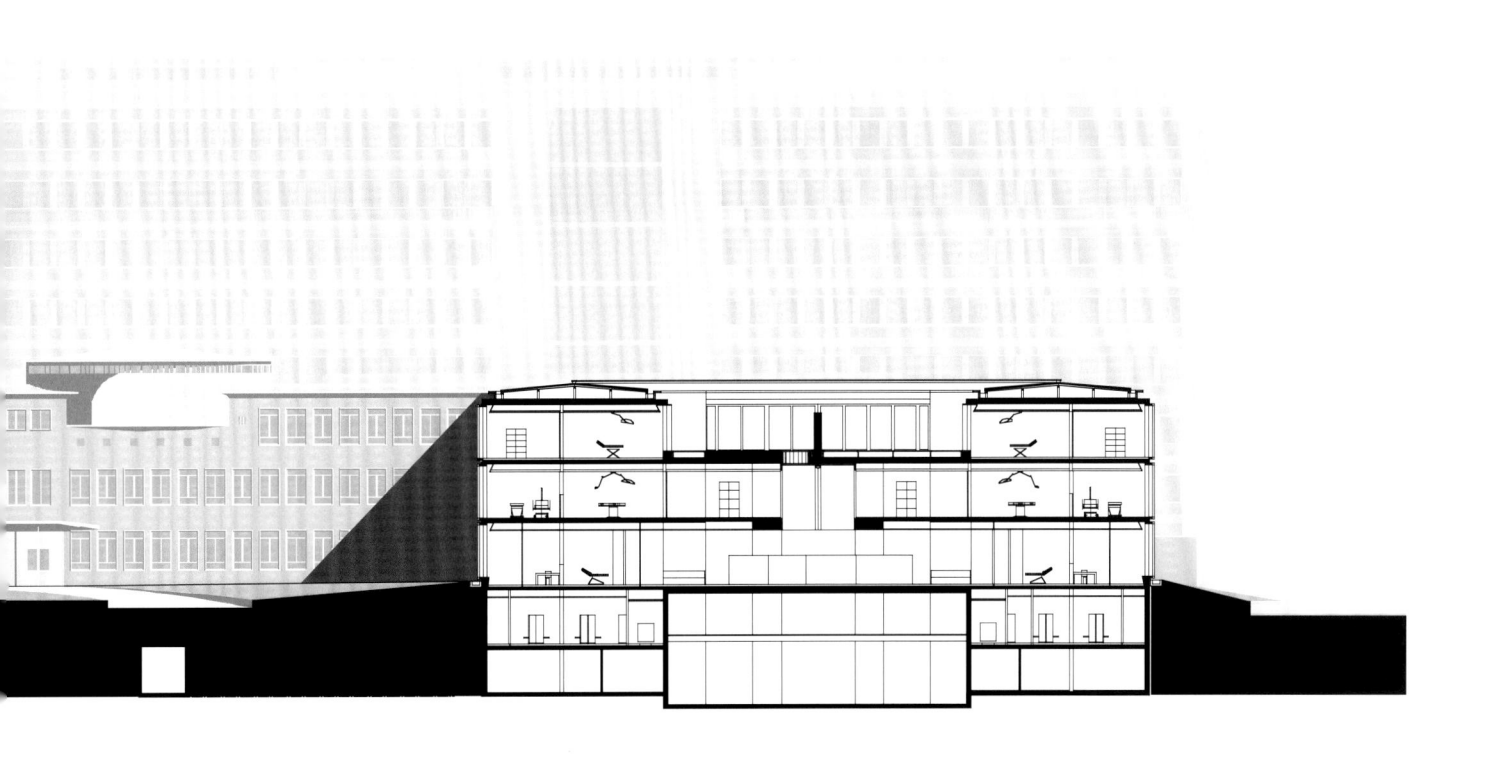

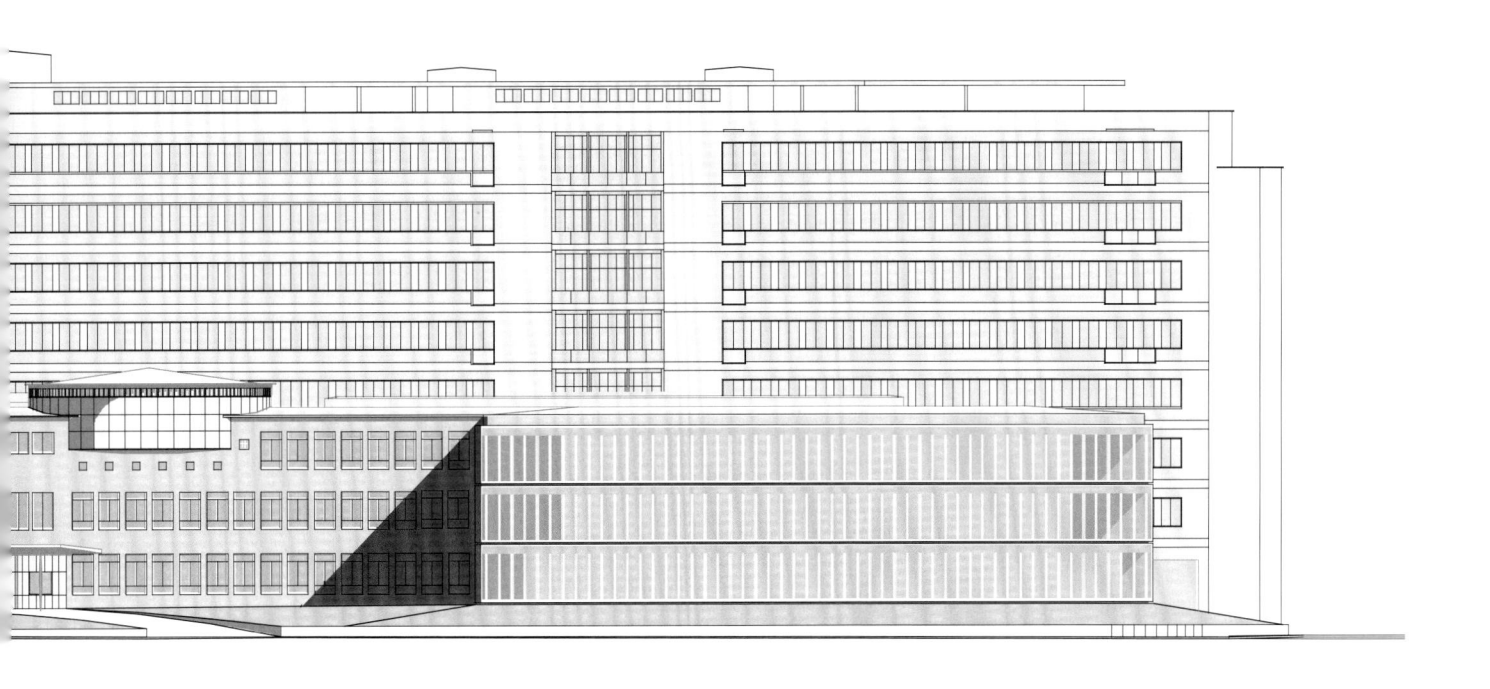

88

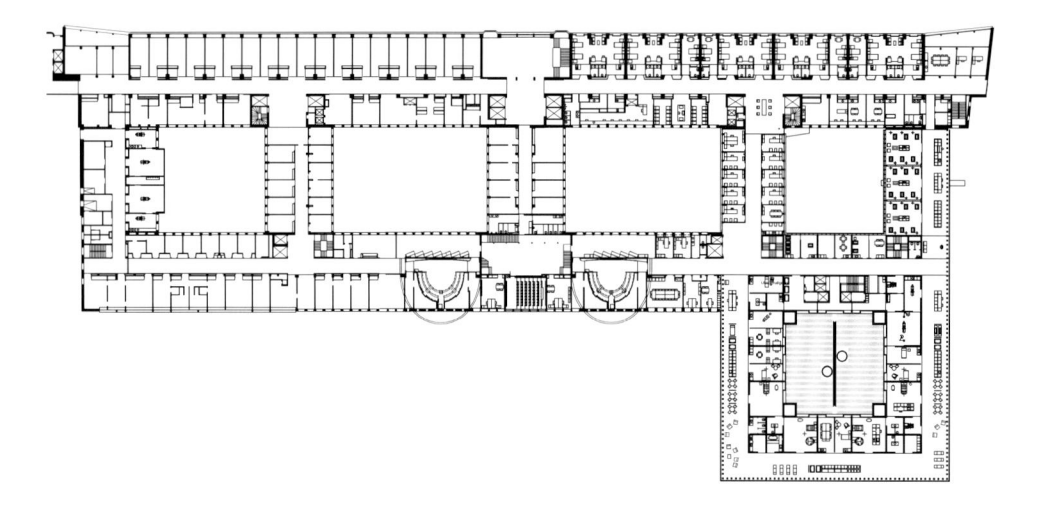

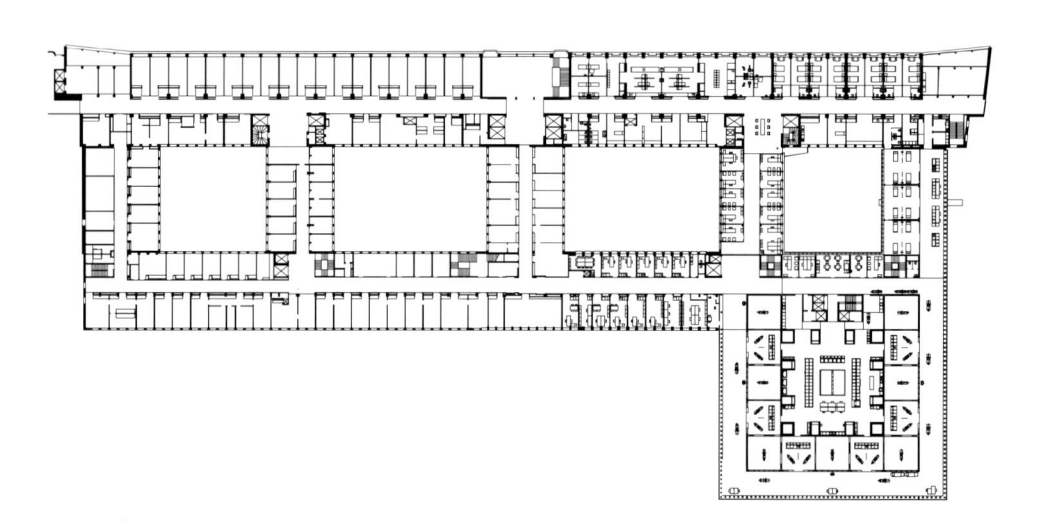

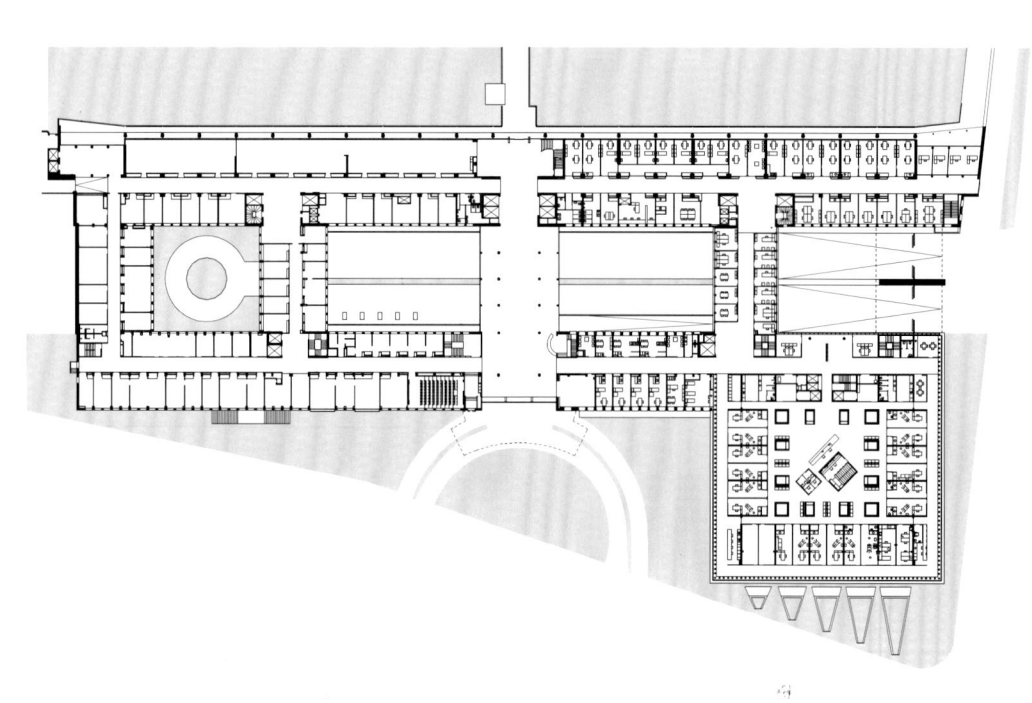

89

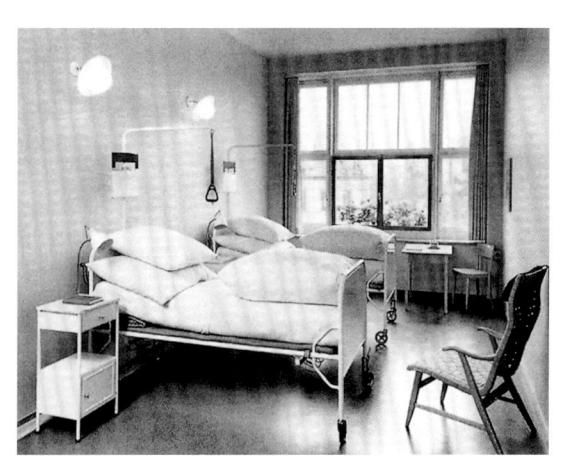

Spitäler und Heime **Spitalapotheke**

Standort Spitalstrasse 26   **Bauaufgabe** Neubau Spitalapotheke   **Architekten** Herzog & de Meuron, Basel
Projektdaten Direktauftrag 1995, Ausführung 1997–99   **Gesamtinvestition** 40 Mio. CHF

Fata Morgana in Grün

Der Neubau für die Kantons- und Spitalapotheke ist Teil des Programms zur Konzentration und Neuorganisation der Spitalbereiche. Mit der zweiten Etappe der Sanierung des Klinikums 1 wird die Frauenklinik über die Schanzenstrasse in den Westflügel dieser Anlage verlegt. Die Auslagerung der Spital- und Kantonsapotheke schafft dabei Raum für die Angliederung eines Neubaus für Operationstrakt und Gebärsäle. Die Apotheke liegt auf dem Rossettiareal auf der gegenüberliegenden Seite der Spitalstrasse und präsentiert sich zur Strasse als monumentaler, schimmernder Schild. Wenn die Erweiterung des Klinikums fertiggestellt ist, werden die beiden Neubauten vom Cityring her den markanten Eingangsbereich und spannungsvollen Auftakt zur Spitalzone und der anschliessenden Altstadt bilden.

Die 9400 m² Bruttogeschossfläche für Büros und Labors sind auf einem rund 6700 m² grossen Grundstück untergebracht, das tief in den Bereich zwischen Spitalstrasse und St. Johanns-Vorstadt greift. Der statische Raster für die Konstruktion, die Disposition für die Lifts, Treppenhäuser und den Anlieferungshof ist durch bestehende Untergeschosse aus den 60-er Jahren vorgegeben.

Die eigenartige, schwer zu fassende Gebäudeform ergab sich aus der Parzelle, die im rückwärtigen Bereich auf heterogenste Hofsituationen trifft. Der Bau nämlich liegt im Grenzbereich zwischen der mittelalterlichen Vorstadt mit ihren schmalen Wohn- und repräsentativen Bürgerhäusern und einem alten, rückwärts daran anschliessenden Gewerbeareal, das durch Bauten früherer Seidenbandfabriken geprägt ist. Der Neubau reagiert auf dieses Konglomerat aus Hinterhofgebäuden aller Art und

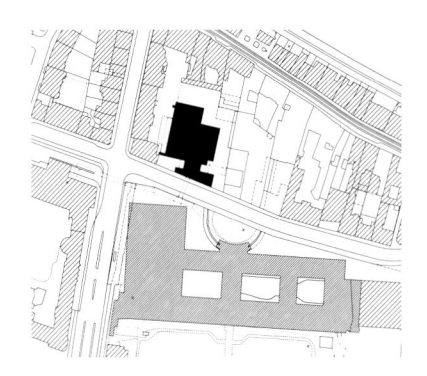

Büro- und Mietshäusern unterschiedlichster Zeiten und Baustile auf raffiniert vieldeutige Art:

Seine Form ist zwar eindeutig vom Ort bestimmt und fügt sich dem von den Nachbarparzellen vorgegebenen Perimeter. Doch die einheitliche Fassade, die wie eine Haut vom strassenseitigen Schild über den schmalen Flaschenhals bis zum immer massiver ins Arealinnere wuchernden Volumen alle Bauteile überzieht, macht ihn zugleich auch zum auf sich selbst bezogenen Solitär.

Der skulpturale Charakter des Gebäudes wird durch das Material dieser Haut unterstützt: Die vorgeblendete Schicht aus tiefgrün schimmernden Glasplatten umgibt die Volumen wie ein harter Panzer – oder schliesst den Inhalt wie in einer riesigen Apothekerflasche ein. Doch gerade durch das Glas wird dieses Bild auch gleichzeitig wieder gebrochen, denn je nach Lichteinfall und Standort spiegelt sich in ihm die Umgebung. Dann erscheint der Bau wie ein Schwamm, der alles in sich aufsaugt, bis man ihn als eigenständiges Volumen kaum mehr wahrnimmt.

Und bei näherem Hinsehen erweist sich selbst die Farbe der Haut als trügerisch: Das Glas ist klar, mit grünen Punkten bedruckt und mit Lochblech hinterlegt, an einem Ort sogar ganz von – echtem und falschem – Efeu ersetzt. Die Fassade wird so zum eigenen Raum, der sich als luftige Schicht um das Gebäude legt. Sie lässt den Bau zu einem lebendigen Organismus werden, der sich jeder Situation anzupassen und der jeder Bewegung zu folgen scheint, der selbstbewusst Präsenz markiert, um im nächsten Augenblick wieder zu verschwinden, der die Aufmerksamkeit auf sich zieht und trotzdem nie sein Geheimnis preisgibt.

93

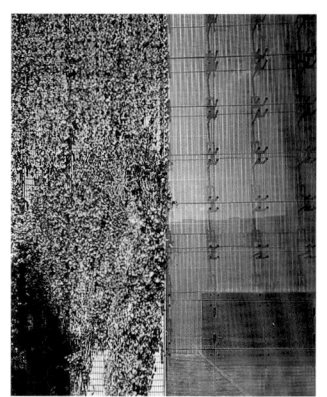

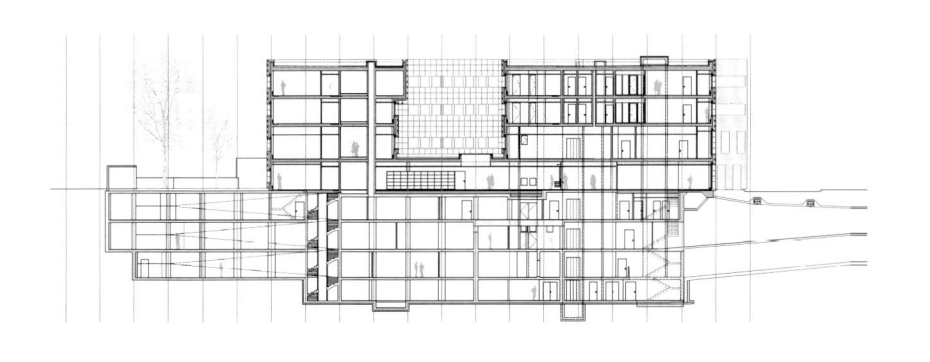

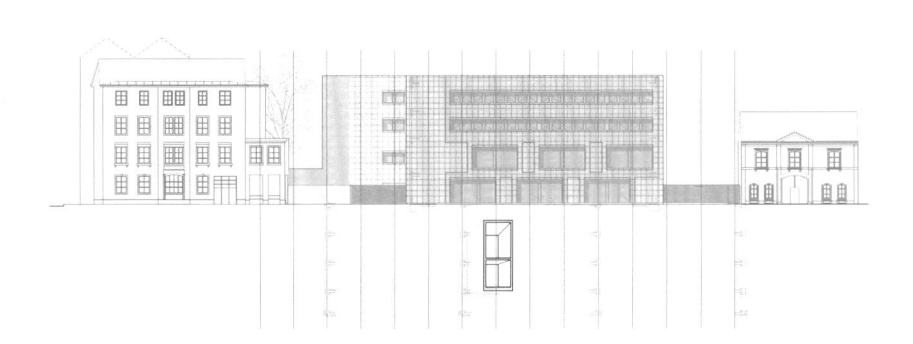

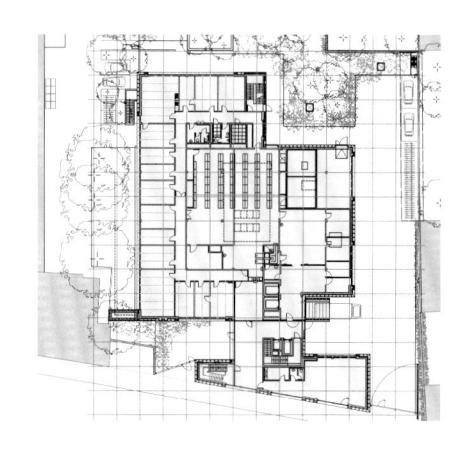

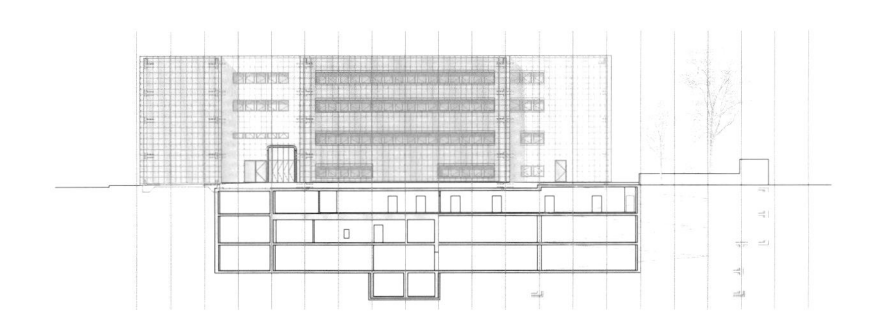

Spitäler und Heime **Alters- und Pflegeheim Marienhaus**

Standort Horburgstrasse 54/Markgräflerstrasse 47–49   **Bauaufgabe** Alters- und Pflegeheim mit angeschlossenen Wohnhäusern, Kindergarten und weiteren Quartiernutzungen   **Architekten** Wilfrid und Katharina Steib, Basel   **Projektdaten** Wettbewerb 1992, Ausführung 1993–96 **Gesamtinvestition** 38 Mio. CHF

Alte Bäume, junger Wald

«Alte Bäume verpflanzt man nicht», heisst es. Die heutige Stadtgesellschaft jedoch ist auf Generationen übergreifendes Wohnen nicht mehr eingerichtet. Das Altersheim im angestammten Quartier kann hier wenigstens teilweise die Aufgabe des früheren, ländlichen Stöckli übernehmen. Der neue Lebensabschnitt bedingt keinen Abbruch sämtlicher Brücken: Man bleibt in der gewohnten Umgebung. Schwieriger wird es, wenn sich nicht nur Bewohnerinnen und Bewohner, sondern mit ihnen auch die Baustrukturen im Ort einwurzeln müssen. Die beiden grossen Kirchen gingen hier mit einem gemeinsamen Pilotprojekt im dichten Matthäusquartier neue Wege:

Die Anlage ersetzt drei Heime des unteren Kleinbasel. Sie besteht aus zwei eigenständigen Bauteilen, die sich in den Volumen gleichen, in ihrer Gestaltung jedoch die unterschiedliche Funktion wiedergeben. Das Alters- und Pflegeheim selbst legt sich als langer, kompakter Riegel an die Horburgstrasse. Seine geschlossene Strassenfront mit den zurückhaltenden, fassadenbündigen Öffnungen reagiert auf den öffentlichen Charakter dieses Raums: Sechs Jahre lang war die einst stark befahrene Verkehrsschneise eine Grossbaustelle. Heute, nach Beendigung der Bauarbeiten für die Nordtangente, präsentiert sie sich als grosser, übergeordneter Stadtboulevard.

Gewohnt wird hier zur Hofseite, wo die durch durchgehende Balkonreihen fein strukturierte Fassade die private Nutzung signalisiert. Auf der gegenüberliegenden Seite des gemeinsamen Hofs fügt sich der zweite Baukörper parallel dazu als Doppelwohnhaus in die Bebauung an der Markgräflerstrasse ein. Die grosszügigen Öffnungen der Aussenfassade entsprechen hier dem intimeren Charakter dieser Wohnstrasse.

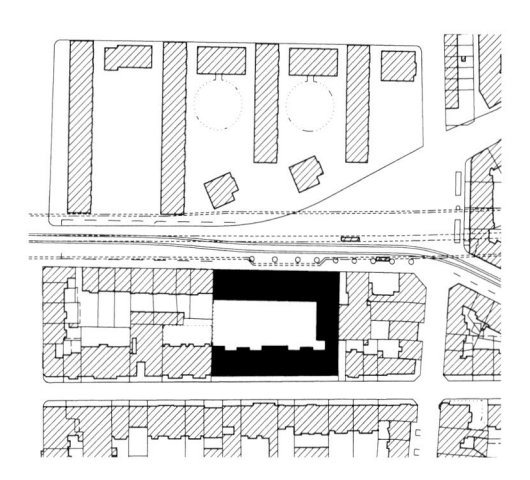

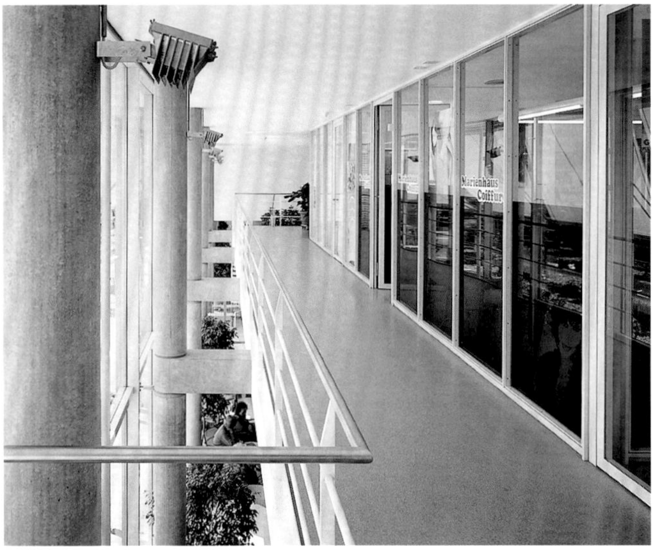

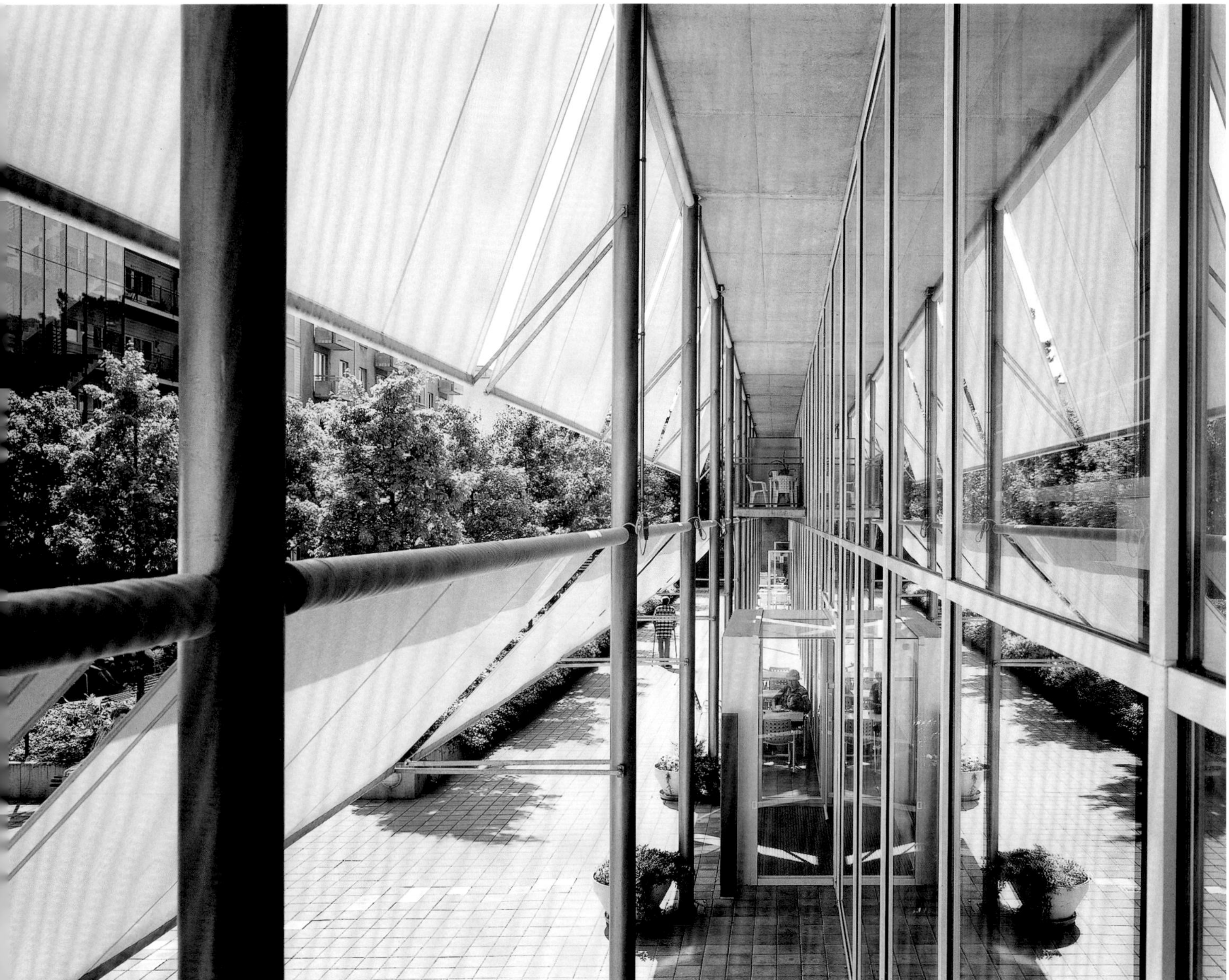

Eine breite Palette unterschiedlichster Interventionen trägt dazu bei, dass Bewohnerinnen und Bewohner mitsamt dem neuen Gefüge im bestehenden Kontext Wurzeln schlagen: Alle 80 Zimmer des Alters- und Pflegeheims lassen sich umrüsten, so dass niemand mehr bei späterem, intensivem Pflegebedarf umziehen muss. Die Wohnhäuser bieten neben 20 Familienwohnungen ebenso viele kleinere Einheiten als Alterswohnungen an. Jede grosse Wohnung steht in direktem räumlichen Bezug zu einem solchen «Stöckli» und richtet sich an Familien, die bereit sind, die betagten Nachbarn zu betreuen.

Dieser sozialen Vernetzung entspricht die bauliche: An beiden Orten sind die eher öffentlichen Bereiche der Strassenebene zugeordnet. An der Horburgstrasse lädt ein weites Foyer mit Restaurant und Café zum Verweilen ein. Es öffnet sich über grosszügige Verglasungen, Türen und einen kleinen Saal – in einem separaten Verbindungsbau – in den gemeinsamen Hof, den die Laubengänge und verglasten Treppentürme der Wohnhäuser gegenüber beleben und der schliesslich über breite Passagen der offenen Eingangszonen – mit angegliedertem Kindergarten- und Bürozugang – in die Markgräflerstrasse mündet.

Und schliesslich der Hof selbst: Mit seinen zwei erhöhten Baumbeeten und dem in sie eingesenkten Weg mit kleinen Sitzinseln wird er zur ruhigen Mitte dieser Anlage, zum Rückzugsort, an dem sich beobachten lässt, wie die Jahreszeiten wechseln und die jungen Bäume nun allmählich Wurzeln schlagen.

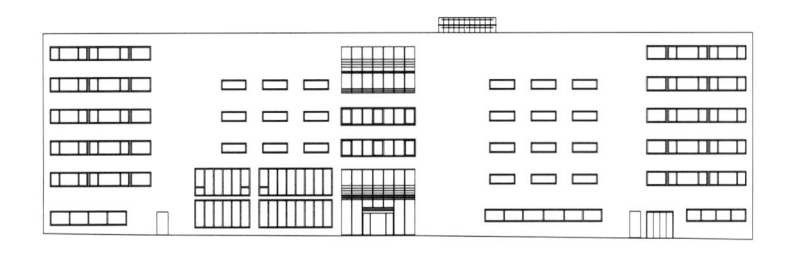

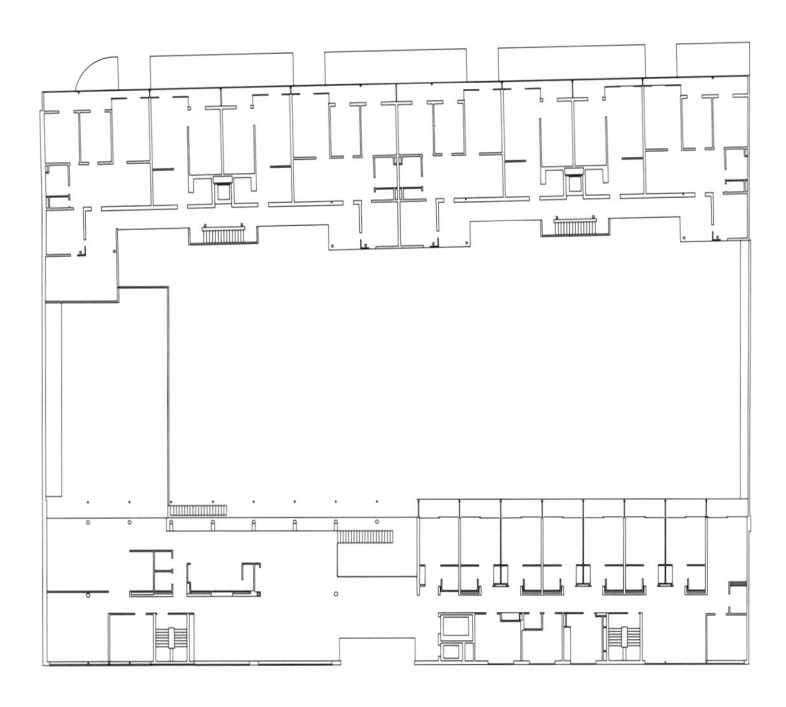

Spitäler und Heime **Alters- und Pflegeheim Kannenfeld**

Standort Luzernerring 116/Burgfelderstrasse 188, 190   **Bauaufgabe** Erweiterung der Wohnanlage Luzernerring um Alters- und Pflegeheim, Rochadehaus und Wohnheim für geistig Behinderte   **Architekten** Silvia Gmür, Basel   **Projektdaten** Studienauftrag 1989, Ausführung 1994–97   **Gesamtinvestition** 33 Mio. CHF

Im Netzwerk der Stadt

Im Strassenraum Burgfelderstrasse / Luzernerring schliesst von Nordwesten her die grosse Wohnbebauung «Luzernerring» an die Stadt an. Dem hier geplanten Alterszentrum mit Wohnungen und öffentlichen Bereichen für Restaurants, Spitex und Therapien kamen im Kontext dieser neuen Stadterweiterung verschiedene Aufgaben zu: Die Nutzung erhöht die Vielfalt des Wohnangebots und trägt damit zur besseren Durchmischung des dichten Wohnquartiers bei. Städtebaulich ist es sowohl Tor zur Stadt, das den neuen Teil in die bestehende Struktur eingliedert, wie auch Schild, um die Wohnbereiche vor den Immissionen der stark befahrenen Strassen zu schützen.

Wirtschafts- und Baukrise verzögerten die Realisierung und erzwangen eine Überarbeitung des Projekts. Das neue Betriebskonzept als Alters- und Pflegeheim veränderte die Organisation und damit auch den architektonischen Entwurf. Der Bau teilt sich nun in drei eigenständige Betriebsbereiche: ein Alters- und Pflegeheim mit 72 Betten, ein Rochadehaus mit 60 Betten und ein Wohnheim für geistig Behinderte mit 12 Plätzen. Das Rochadehaus gliedert sich als Baukörper der benachbarten Wohnzeile an und schliesst diese zum Blockrand. Das Alters- und Pflegeheim bildet mit dem Wohnheim ein zweites Volumen, das diesen Blockrand in einem Kopf bis an die Strassenkreuzung vorzieht, hier umleitet und am Luzernerring über die ganze Parzellenlänge weiterführt.

Der Eingangsbereich wurde von der Kreuzung weg an den geschützteren Ort in der Burgfelderstrasse verlegt und führt nun an der Nahtstelle zum Rochadehaus in die lang gestreckte, zum Hof orientierte interne Erschliessungszone. Dass sich das Alters- und Pflegeheim mit seinem intimsten Bereich – den privaten Wohnräumen – zur Ringstrasse öffnet, lässt sich mit der Orientierung des langen Baukörpers begründen: Die Strassenseite bietet von Südosten her die beste Besonnung.

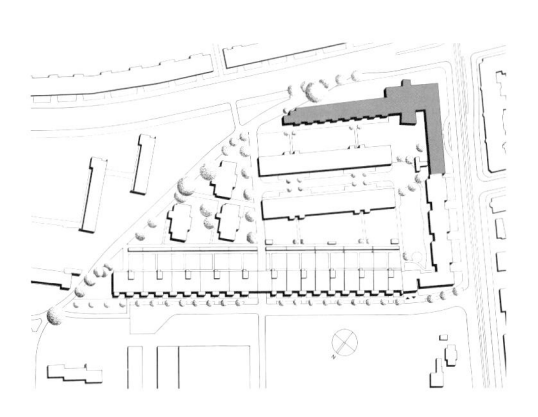

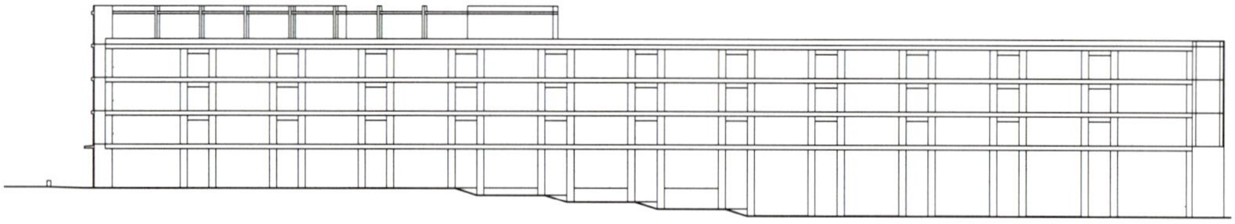

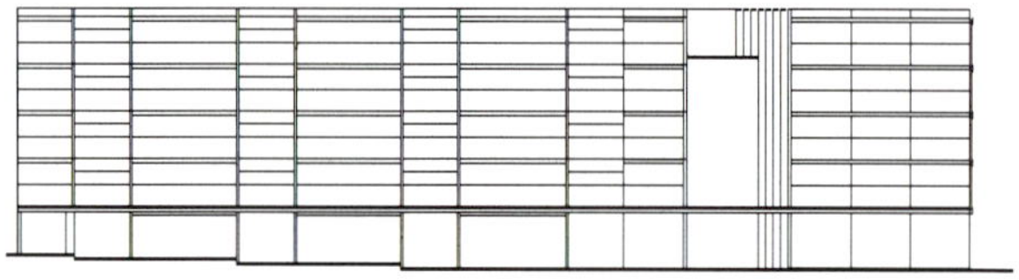

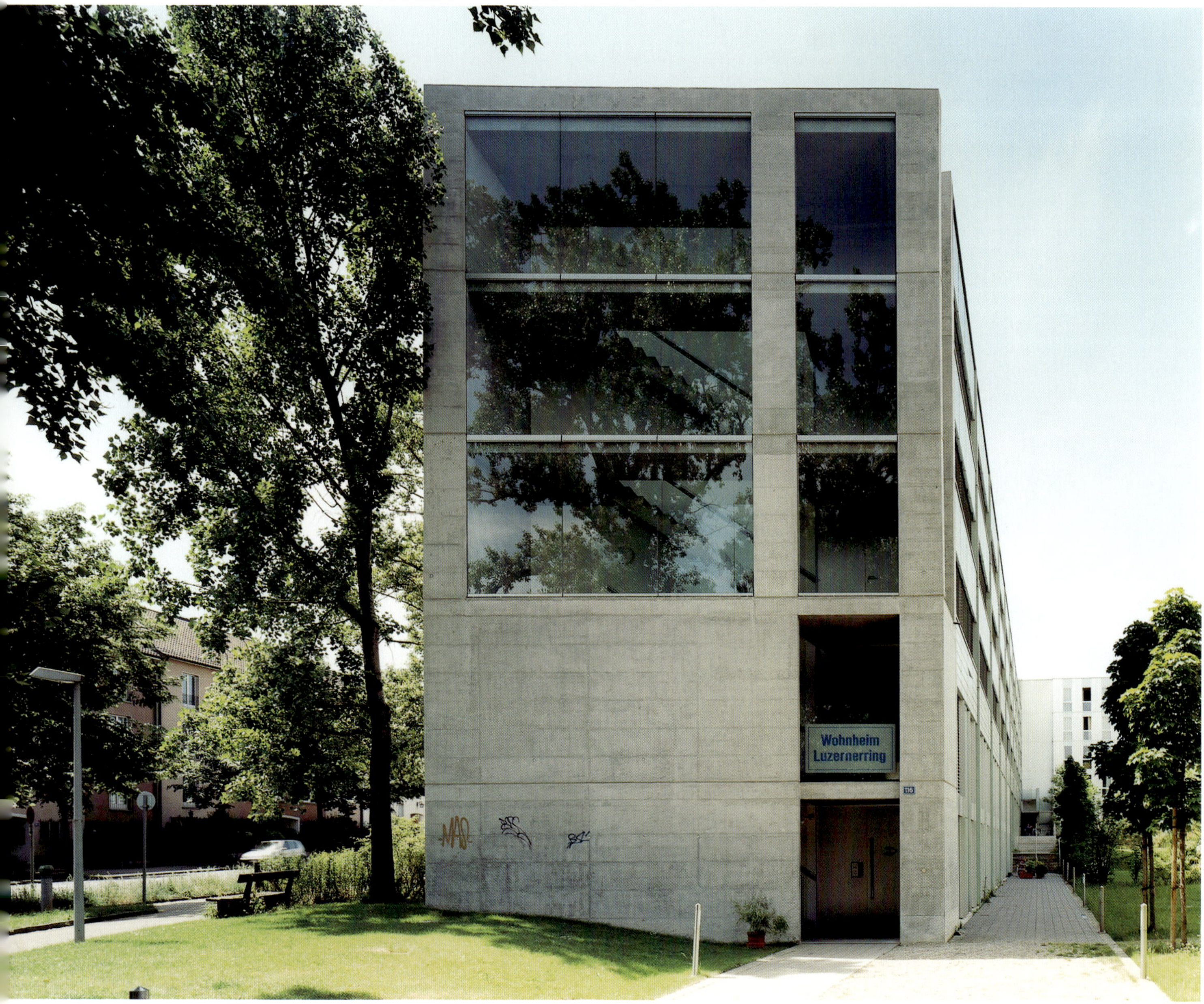
Wohnheim
Luzernerring
116

Gleichzeitig ergeben sich mit dieser Aufhebung der gewohnten Zuordnung Möglichkeiten, das Leben in einem begrenzten Raum durch ein dichtes Netz verschiedenartigster Beziehungen und Stadterfahrungen zu bereichern.

Mit ihrer introvertierten Öffnung, die über kontrastreiche Wege, über helle und dunkle, weite und enge Räume und über Orte zum Ausruhen, Beobachten und Begegnen behutsam vom eigenen Bereich über Gemeinschaftszonen in den Hof und das Quartier und durch das Tor hinaus in den grösseren Kontext leitet, gleicht die Anlage in ihrer räumlichen Vielfalt einer eigenen kleinen Stadt.

Die Strassenfront sorgt dafür, dass sich dieser Organismus nicht verselbstständigt, sondern als Teil des Ganzen erfahren wird: Die Zimmer verfügen über Wohnbalkone, die sich mit Schiebegläsern zu Loggien schliessen lassen. Sie schützen als kompakte und doch transparente Schicht vor dem Lärm der Strasse. Über sie lässt sich das Treiben «draussen» beobachten, und über die individuelle Gestaltung dieses Bereichs tragen die Bewohnerinnen und Bewohner ein wenig zur Prägung der Stadt bei und nehmen sie in Besitz.

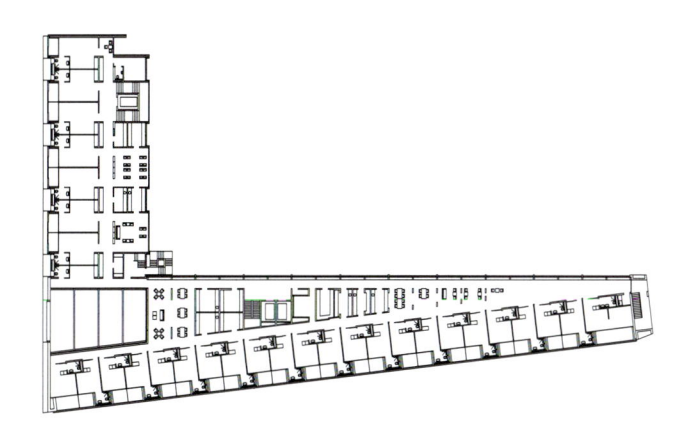

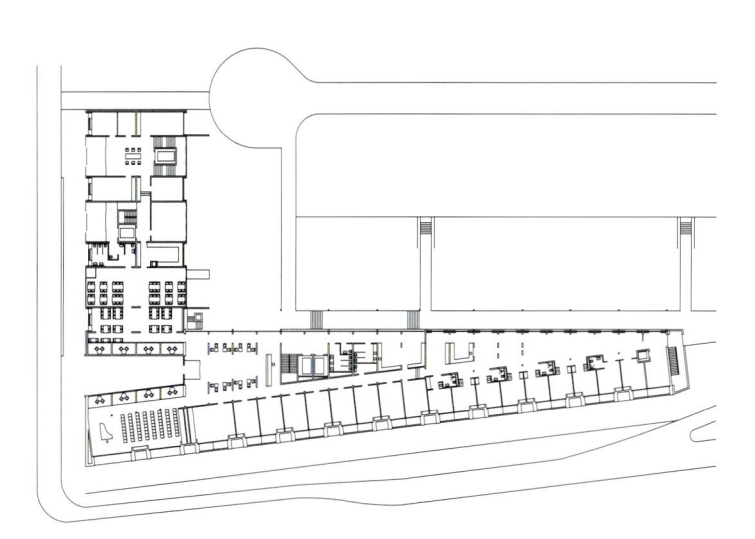

Spitäler und Heime **Wohnheim und Förderstätte für geistig behinderte Erwachsene**

Standort Riehenstrasse 300 **Bauaufgabe** Wohnungen, Therapieräume und Arbeitsstätte mit Grossküche **Architekt** Christian Dill, Basel
Projektdaten Wettbewerb 1991, Ausführung 1994–97 **Gesamtinvestition** 8 Mio. CHF

Eingenistet zwischen Bäumen

Das Hirzbrunnenareal ist die grösste zusammenhängende Bebauung der Zwischenkriegszeit, realisiert zwischen 1924 und 1934 nach Plänen von Hans Bernoulli und August Künzel, Hans Von der Mühll und Paul Oberrauch. Zwischen zwei Ausfallstrassen ins Wiesental gruppieren sich hier in sieben Einheiten niedrige Wohnzeilen um ein grünes Herz – die Parkanlage des ehemaligen Hirzbrunnenguts, die dem damals ebenfalls erbauten Claraspital zugeschlagen wurde. Blockbauten entlang der stark befahrenen Riehenstrasse schliessen dieses Quartier nach Norden ab.

An der Riehenstrasse 300 scherte ein kleiner Park mit einer ebenfalls Ende der 20-er Jahre erbauten Villa aus diesem dichten, kleinmaschigen Bebauungsmuster aus. Und im Osten dieser Parzelle sprengte ein später eingefügtes Schwesternhaus den Massstab. Ein neuer Baukörper schliesst nun die Lücke zur Strasse und fügt sich in Volumen und Orientierung der bestehenden Blockbebauung ein.

Doch seine architektonische Gestaltung wirkt im Kontext der benachbarten Wohnhäuser eigenartig irritierend. Der Baukörper teilt sich in einen zweigeschossigen Sockel aus verputztem Zweischalen-Mauerwerk und einen darin eingeschobenen, ebenfalls doppelgeschossigen, maisonetteartigen Aufsatz. Die Holzverschalung dieses Einschubs lässt an Wohnnutzung denken. Das Sockelgeschoss jedoch passt mit seinen eigenwilligen Öffnungen ebenso wenig in dieses Bild wie die grosse, skulpturale Aussentreppe an der westlichen Stirnseite oder die lange Sitzbank an der Strassenfront.

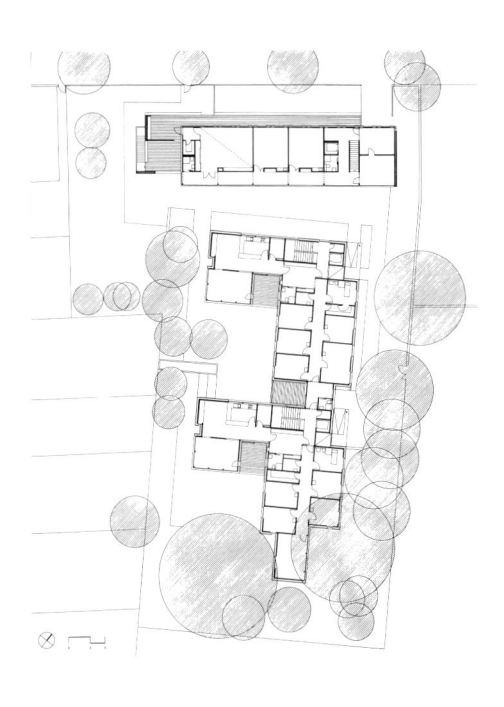

Wohnhaus? Öffentliches Gebäude? Mischnutzung? Die Spur legt der Aufbau: Er ist als versetztes Volumen so in den Sockel geschoben, dass sich an der östlichen Stirnseite ein Torweg in den rückwärtigen Park öffnet. Und dort hinten, eingebettet unter mächtigen Bäumen, wird nun eindeutig «gewohnt»: Zwei niedrige, L-förmige, mit dem gleichen Holz verschalte Baukörper nehmen hier den von Bernoulli vorgegebenen Massstab der Reihenhäuschen auf. Mit Vor- und Rücksprüngen, Höfen, Sonnenterrassen und Nischen schieben sie sich mäanderförmig tief in den Park und verzahnen sich über vielfältige Ein- und Ausblicke, über das weit auskragende Dach im Zugangsbereich und die unbehandelten Holzpaneele fest im dichten Baumbestand.

Das Angebot an Möglichkeiten des Rückzugs wie des Kontakts zur Aussenwelt entspricht dem generellen Wohnbedürfnis. Die sanften, sehr sorgfältig inszenierten Übergänge zwischen aussen und innen, die breite Vielfalt räumlicher Kontraste und die Sinnlichkeit des Materials bieten in diesem Pilotprojekt der Psychiatrischen Universitätsklinik der Bewohnerschaft die notwendige Hilfestellung bei der Eingliederung. Sie stärken die Orientierung und stimulieren die Wahrnehmung.

Die Anlage ist bewusst als Wohnheim konzipiert. Bautechnisch jedoch hatte sie trotzdem den Anforderungen eines Spitals zu entsprechen. Dies wird in der hybriden Konstruktion der Wohnbauten sichtbar, hinter deren Holzkleid sich eine massiv gebaute Primärstruktur verbirgt, ferner am vorderen Riegel, der sich städtebaulich unauffällig in den Kontext einfügt, in seiner Gestaltung jedoch diesem besonderen Aspekt des Wohnens Rechnung trägt.

105

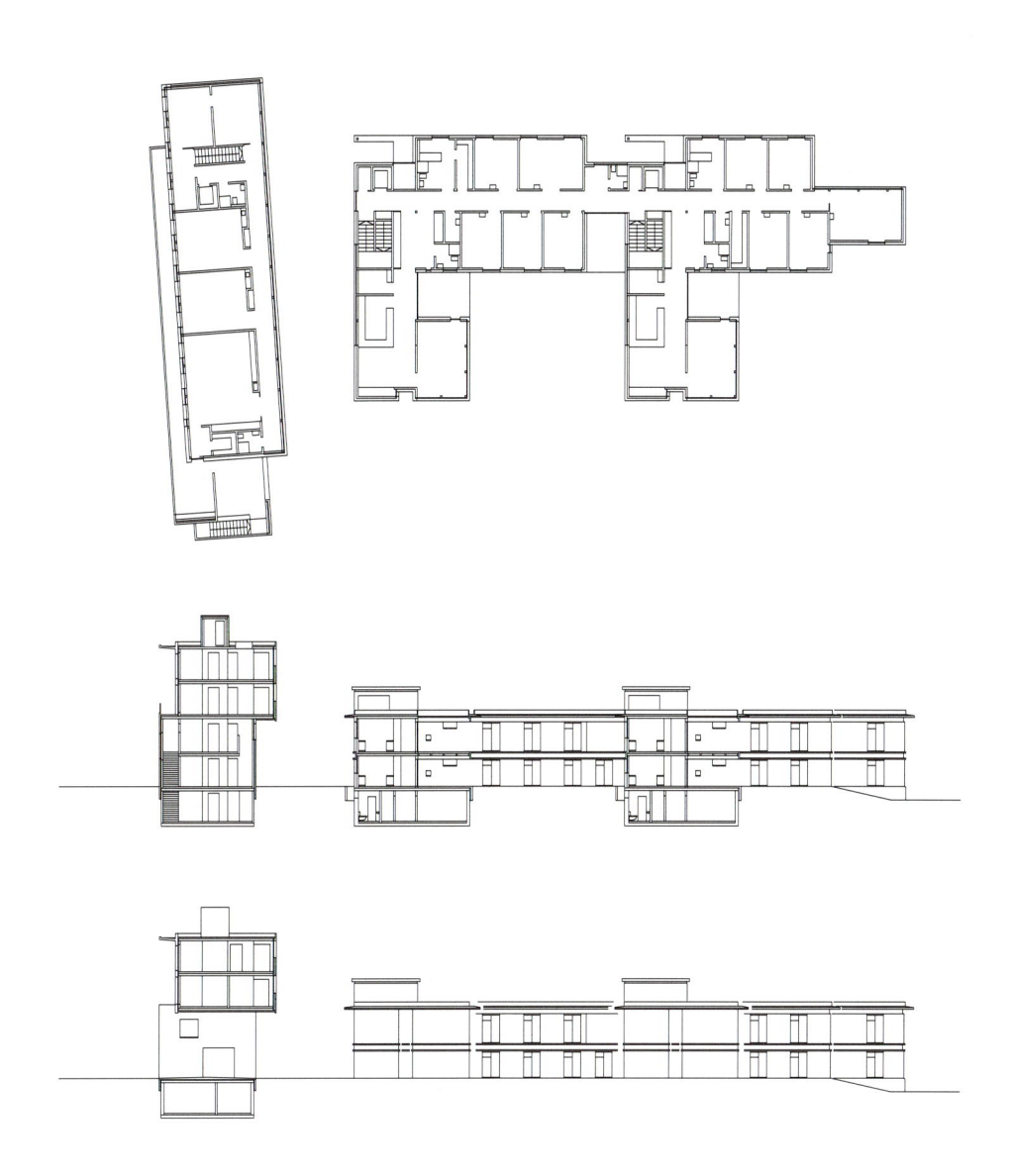

SPORTSTÄTTEN

Sportkultur
Bruno Chiavi

Sportanlage Rankhof
Sportanlage Pfaffenholz

RANKHOF

SPORTKULTUR

Bruno Chiavi

Der Sport ist in der Schweiz und insbesondere in Basel Bestandteil der Kultur. Die Bevölkerung unseres Stadtkantons zeichnete sich denn auch seit jeher durch ein überdurchschnittliches Engagement zugunsten des Sports aus. Dieses Bekenntnis zum Sport als kulturelles Ereignis führte anfangs der 70-er Jahre – zeitgleich zum Bau des neuen Stadttheaters – zum Bau der Sporthalle in St. Jakob, heute St. Jakobshalle genannt. Leider kehrte nach dieser kulturellen Grosstat auf dem Gebiet des Sportstättenbaus eher Ruhe ein, dies, obwohl der Bedarf an Turnhallen und Aussensportanlagen mit zunehmender Freizeit der Bevölkerung stetig wuchs. Anfangs der 80-er Jahre führte lediglich die Wiederherstellung der Sportanlagen St. Jakob im Nachgang zur Gartenbauausstellung Grün 80 zu einer geringen Verbesserung. Ebenfalls wurde die altehrwürdige Kunsteisbahn im Margarethenpark saniert und der Infrastrukturbereich den geänderten Bedürfnissen des Spitzen- und Breitensports angepasst. Neue Anlagen waren im Investitionsprogramm aber keine vorgesehen.

Erst Ende 1986 und nach unzähligen Vorstössen aus Sportkreisen erhielt die Verwaltung den Auftrag, eine umfassende Sportstättenplanung zu erstellen. Zentrale Zielsetzung dieser Planung war die Inventarisierung und Zustandserhebung der bestehenden Sportanlagen sowie die Ermittlung des künftigen Bedarfs an Wettkampf- und Trainingsanlagen des organisierten Sports, aber auch an Anlagen für den gesundheitsbewussten Individualsportler. Das Resultat der Erhebungen über die bestehenden Anlagen war eher ernüchternd und weniger aus quantitativer als aus qualitativer Sicht bedenklich.

Von rund 100 inventarisierten Turnhallen im Kanton Basel-Stadt waren die meisten veraltet und ungenügend unterhalten. Über 80 Prozent erfüllten die geltendenNormen bezüglich Mass und Einrichtung nicht mehr. Trotz der stattlichen Zahl waren die Bedürfnisse des Schul- und Lehrlingturnens nicht abgedeckt, so dass an einzelnen Standorten der obligatorischen Schule und an der Allgemeinen Gewerbeschule die Durchführung des gesetzlich vorgeschriebenen Turnunterrichts nur eingeschränkt möglich war.

Bei den Aussensportanlagen, d.h. bei Fussballfeldern und Leichtathletikanlagen, bot sich kein besseres Bild. Die Garderoben auf den staatlichen Anlagen Turnplatz Schützenmatte und St. Jakob genügten zahlenmässig nicht mehr den Anforderungen. Überdies waren die alten Holzbauten aus den 30-er Jahren ersatzbedürftig. Der Bau der lange versprochenen zweiten Etappe der Sportanlage im Bachgraben liess auf sich warten. Im Kleinbasel gab es mit Ausnahme der Schulsportanlage des Bäumlihofgymnasiums nur private Sportanlagen, die von den Betreibervereinen oder -genossenschaften mangels nötiger Geldmittel kaum mehr betriebstüchtig gehalten werden konnten.

Die Kunsteisbahn im Eglisee war ebenso sanierungsbedürftig wie die Schwimmbecken, in die sie alljährlich nach der Badesaison eingebaut wird. In den Schwimmbädern St. Jakob und Bachgraben standen nach jahrzehntelangem intensivem Gebrauch umfangreiche Instandstellungsarbeiten an, und die Schwimmsportler hofften seit langem auf ein Hallenbad mit 50-m-Becken.

Mit der 1989 fertiggestellten Sportstättenplanung legte das Sportamt ein zusammen mit dem Hochbauamt erarbeitetes Sportstätten-Bauprogramm vor, mit dessen Umsetzung die nahezu ausweglos scheinende Situation schrittweise verbessert werden sollte. Wichtigste Forderungen des Programms waren:

- Ergänzung oder Ersatz der bestehenden Einzelturnhallen durch Mehrfachhallen, die polyvalent genutzt werden können und mit deren Hilfe mögliche Interessenverlagerungen unter den Sportarten sowie Verlagerungen von Aussensportarten in Hallen Rechnung getragen werden kann;
- Schaffung einer Zentrumsanlage für Rasenspiele, Tennis und Schulsport im Kleinbasel;
- Anpassung bestehender staatlicher Sportanlagen an aktuelle Bedürfnisse insbesondere im Infrastrukturbereich und Umbau mit dem Ziel einer Optimierung der Arealnutzung;
- finanzielle Unterstützung der Betreiber privater Sportanlagen oder Rücknahme und Umbau der Anlagen mit dem Ziel einer Optimierung der Arealnutzung;
- Sanierung bestehender Schwimmbäder und Eisbahnen;
- Bau eines Hallenbads mit 50-m-Becken und einer Eissporthalle.

In den vergangenen 10 Jahren konnte ein wesentlicher Teil dieser Programmforderungen erfüllt werden:
- Gemeinsam mit dem Bürgerspital Basel konnte die Sportanlage mit Grossturnhalle Pfaffenholz in St. Louis verwirklicht werden.
- Im Rahmen der baulichen Massnahmen für die Schulreform entstanden die Mehrfachhallen Dreirosen, Margarethen, Leonhard und Niederholz, wobei letztere von der Gemeinde Riehen finanziert wurde.
- Die Infrastruktur der Sportanlagen St. Jakob wurde durch den Bau eines neuen Garderobengebäudes verbessert.
- Die ehemaligen Vereinsportanlagen Rankhof und Satusgrund wurden vom Staat übernommen und bilden nach dem Neubau die Zentrumsanlage Kleinbasels.
- Das Gartenbad Eglisee und die Kunsteisbahn sind baulich erneuert.
- Die Gartenbäder St. Jakob und Bachgraben haben von umfangreichen Sanierungsarbeiten profitiert.

Dank der Initiative privater Genossenschaften und Mitteln aus dem Sport-Toto-Fonds sind mit dem Stadion St. Jakob, der Eissporthalle St. Jakob und der Sporthalle Rankhof drei weitere wichtige Anlagen im Bau oder in der Planung und werden in Kürze Sportlern und Zuschauern zur Verfügung stehen.

Mit der Durchführung dieser Bauvorhaben ist es dem Kanton Basel-Stadt gelungen, trotz angespannter finanzieller Lage in relativ kurzer Zeit einen wesentlichen Schritt im Bemühen um die Bereitstellung moderner Sportstätten zu tun. Damit auch künftige Generationen über ein zeitgerechtes Angebot für ihre sportliche Ertüchtigung und Freizeitgestaltung verfügen können, muss der in der jüngeren Vergangenheit eingeschlagene Weg beharrlich weiterverfolgt werden.

Sportstätten **Sportanlage Rankhof**

Standort Grenzacherstrasse 351   **Bauaufgabe** Polysportive Anlage für den Breitensport mit neuem Stadion
Architekten Michael Alder mit Partner Roland Naegelin, Basel   **Projektdaten** Wettbewerb 1991, Ausführung 1993–95   **Gesamtinvestition** 10 Mio. CHF

Ein «städtisches Gefäss» für das Vereinsleben

Durch die Zusammenlegung und Neuordnung der früher getrennten, veralteten Sportanlagen Rankhof und Satusgrund erhielten die rechtsrheinischen Stadtgebiete ein neues polysportives Zentrum mit einem Hauptspielfeld, fünf weiteren Rasenplätzen, einem Kunstrasenfeld für Landhockey, einem Allwetterplatz, einem Kombiplatz für Kleinfeldsportarten mit Laufbahn und Kugelstossanlage sowie sechs Tennisplätzen mit Clubhäusern. Ein neuer Werkhof ergänzt diese grösste Anlage für den Breitensport im Kleinbasel. Mit einer ebenfalls neuen Dreifachturnhalle, die 2002 ihren Betrieb aufnehmen wird, ist sie dann auch eine der drei Grosssportanlagen des Stadtkantons mit Ganzjahresbetrieb.

Herzstück des Komplexes ist das neue Stadion für 8000 Zuschauer mit seinem markanten Tribünenaufbau. Breitensport unterscheidet sich grundsätzlich vom Hochleistungssport: Sportanlässe der unteren Ligen erfüllen immer auch wichtige soziale Funktionen – das gemeinsame Spiel ist Mittel zur Kommunikation und zum Gemeinschaftserlebnis. Diesem Bedürfnis trägt das neue Stadion Rechnung: In Anlehnung an die Mehrfachfunktion des antiken «Gymnasion» stellt es nicht nur die Infrastruktur zur sportlichen Betätigung bereit, sondern will zugleich auch «städtisches Gefäss» sein für das Vereinsleben.

Diese Idee zieht sich wie ein roter Faden durch den gesamten Komplex: Äusserste Reduktion der konstruktiven Mittel, einfache, unprätentiöse Formensprache und klare Ablesbarkeit der Bereiche trotz komplexer Multifunktionalität der Teile schaffen eine Atmosphäre luftig leichter und einladend unangestrengter Transparenz. Das Spielfeld ist mit Sitzstufen aus

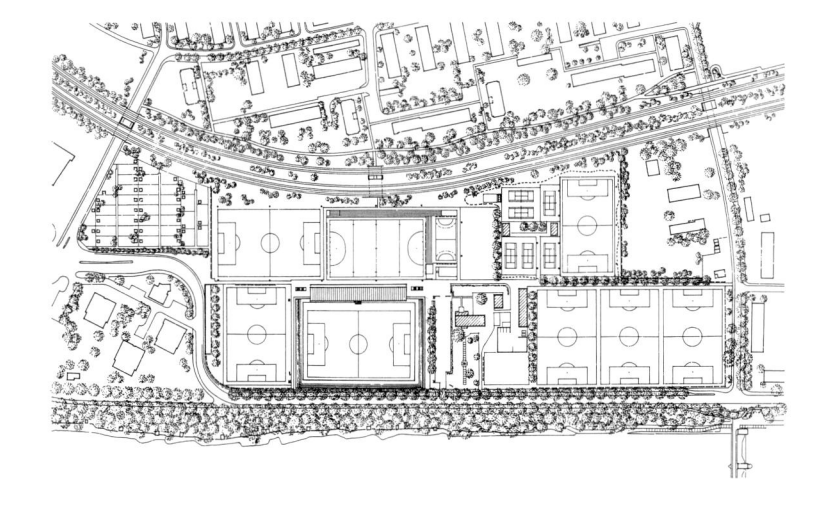

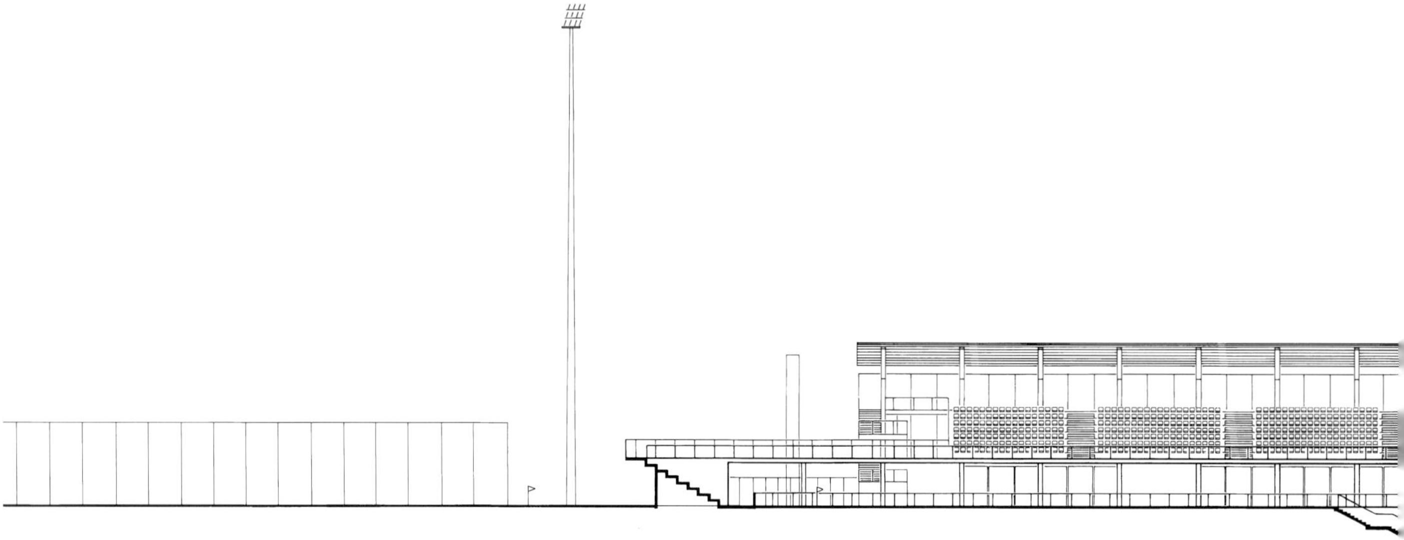

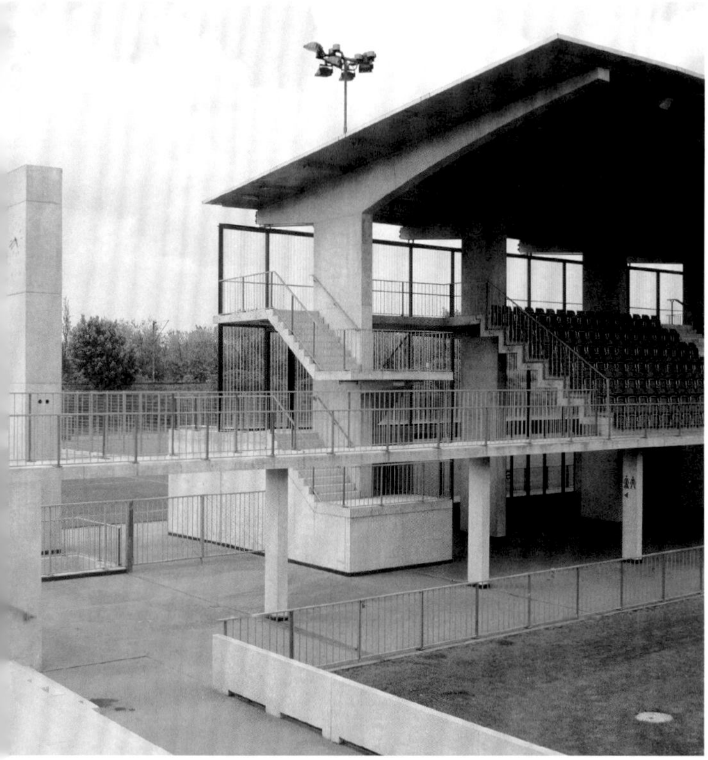

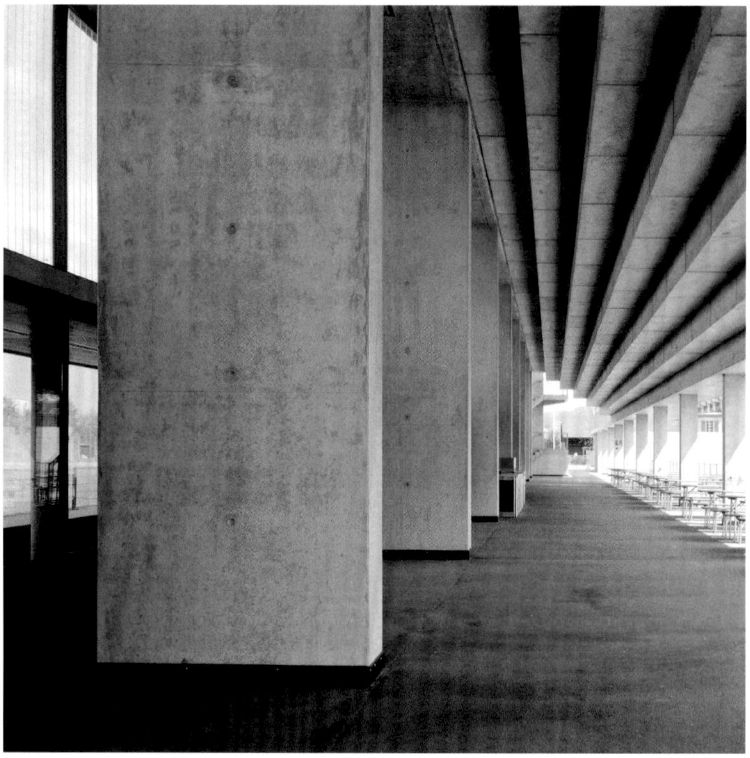

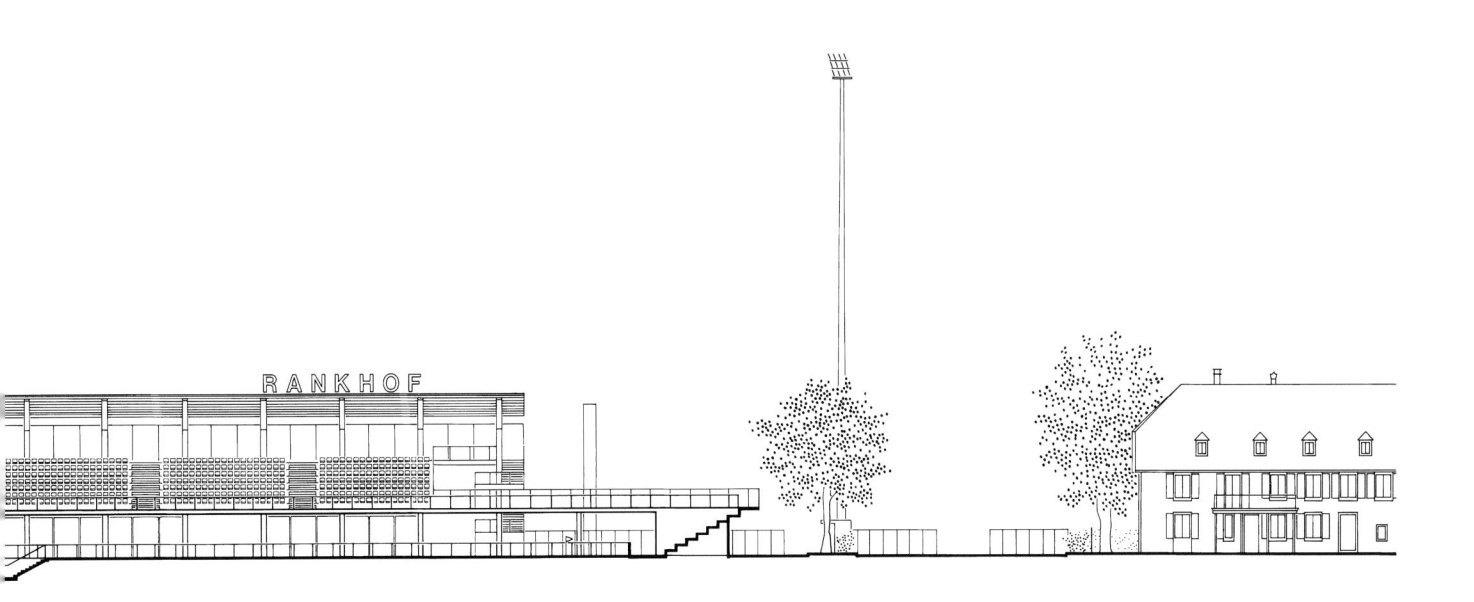

vorgefertigten Betonelementen muldenartig eingefasst. Auf der Aussenseite übernimmt diese Treppenkonstruktion zugleich die Funktion eines Dachs für einen gedeckten Veloweg oder wird zum Unterstand des benachbarten Spielfelds. Ihre oberste Stufe ist als umlaufender Weg konzipiert, der über ein Brückenbauwerk die Tribüne mit den Stehplatzbereichen verbindet.

Mit einem einzigen, raffinierten «Kunstgriff» wird dieser Tribünenbau zum öffentlichen Raum: Durch das Auseinanderschieben von Sitztribüne (1. OG) und Garderobentrakt (UG) weitet sich der zentrale rückwärtige Erschliessungsbereich unter dem getreppten Aufbau zur lichtdurchfluteten Halle, die nicht nur das Untergeschoss in den Zugangsbereichen mit natürlichem Licht versorgt. Denn mit ihrer rückwärtigen Wand aus Glas, den ihr zugeordneten Infrastrukturräumen und dem Restaurant wird sie zum grosszügig konzipierten, stützenfreien, multifunktionalen Raum: zum Begegnungsort zwischen den einzelnen Funktionsbereichen, zum Treffpunkt für Gespräche und Diskussionen, zum verglasten «Logenplatz» für die rückwärtigen Spielfelder oder schliesslich zum würdigen Saal für gemeinsames Festen und Feiern.

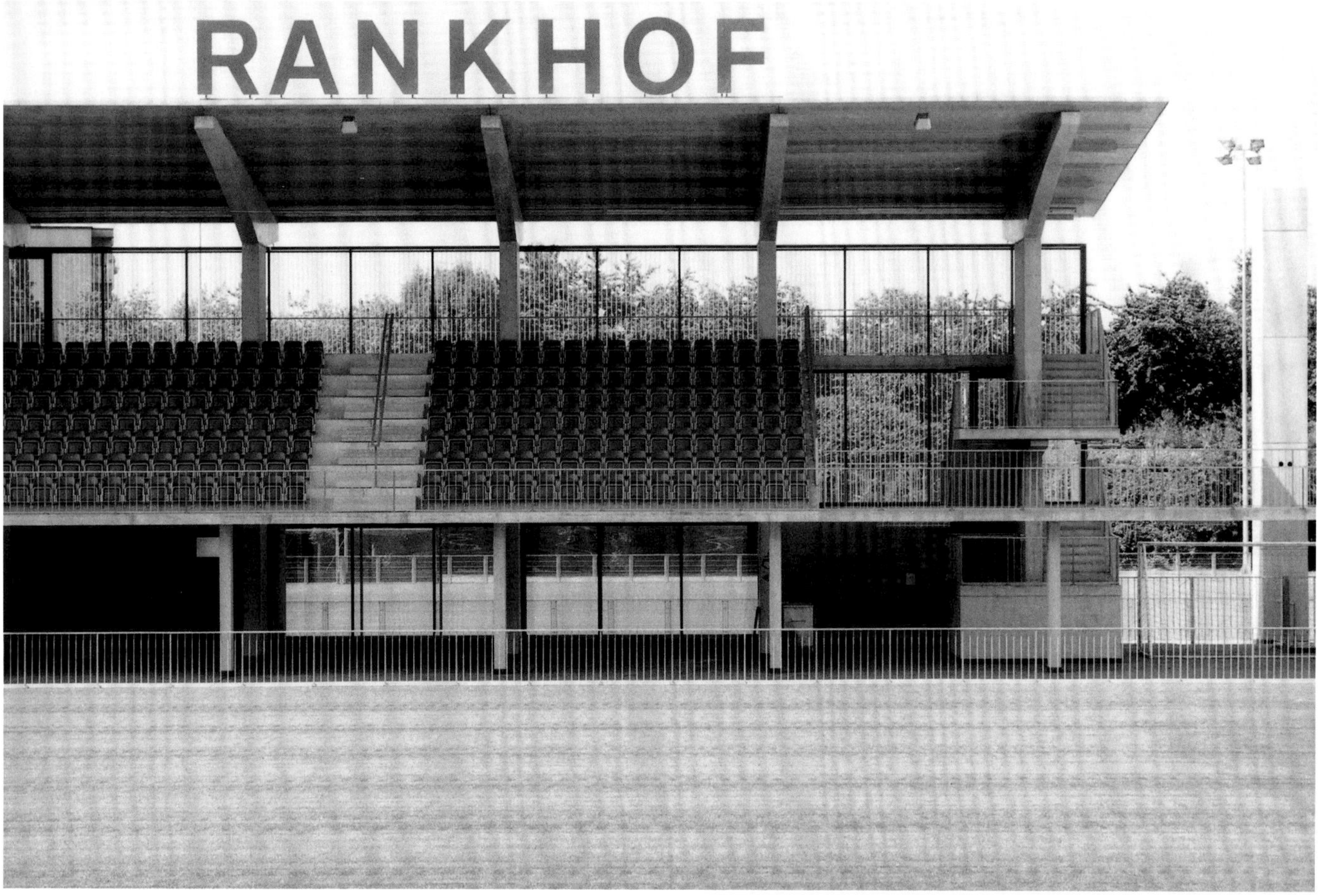
RANKHOF

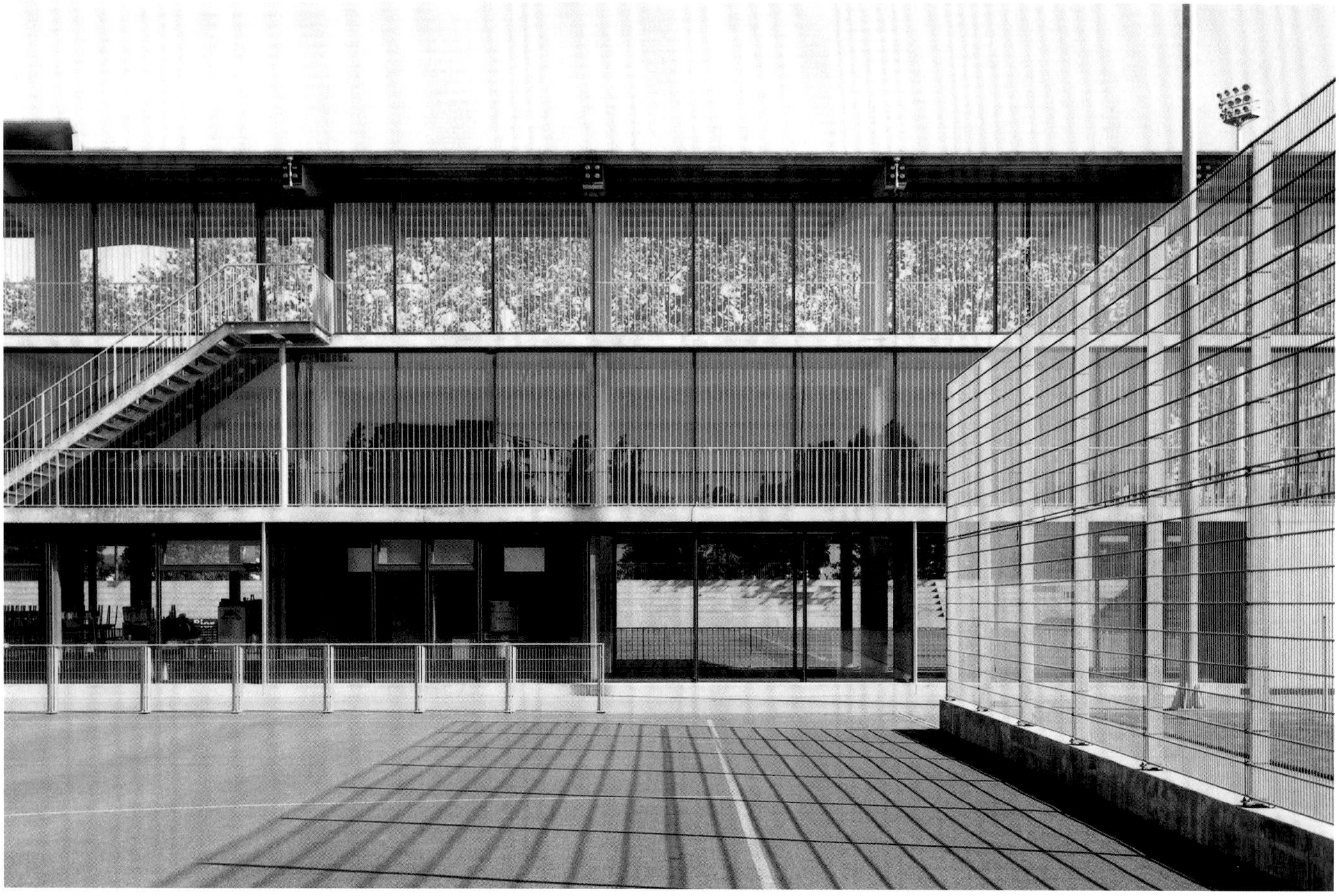

117

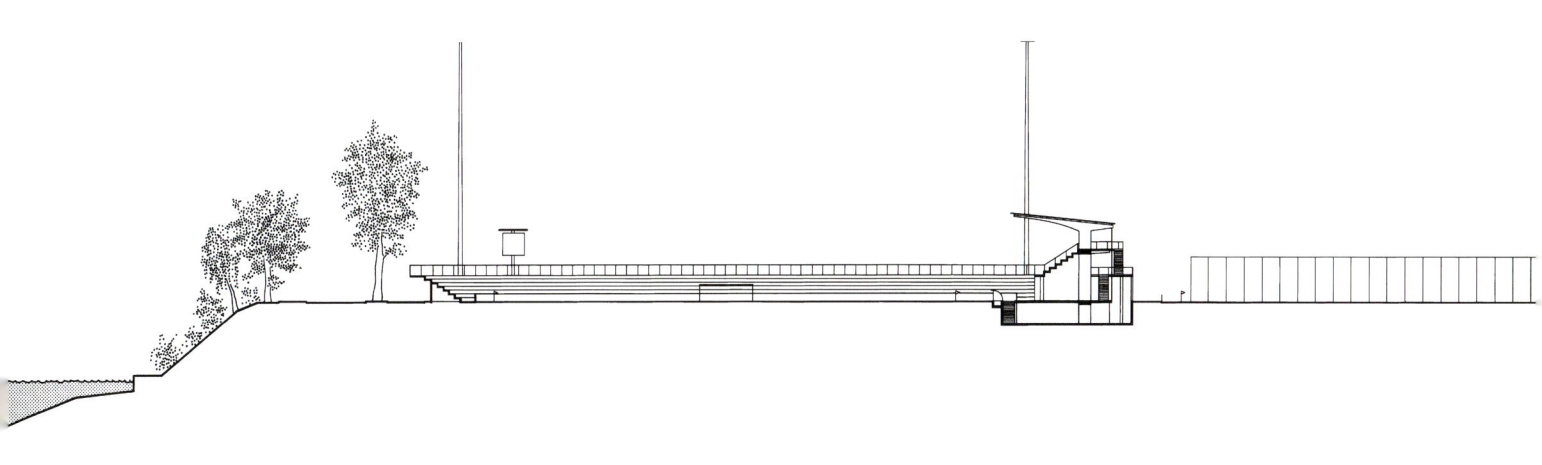

Sportstätten **Sportanlage Pfaffenholz**

Standort 5 Rue St. Exupéry, St. Louis (F) **Bauaufgabe** Behindertengerechtes Sportzentrum mit Dreifachturnhalle und Aussenanlagen
Architekten Herzog & de Meuron, Basel **Projektdaten** Direktauftrag, Projektierung 1989–90, Ausführung 1992–94 **Gesamtinvestition** 11,2 Mio. CHF

Der Findling im Grenzland

An der Flughafenstrasse musste eine Sportanlage der Nordtangente weichen. Realersatz fand sich auf einem Areal im Südwesten, das zum Besitz des Bürgerspitals gehört. Da dieses zur gleichen Zeit plante, seine Institutionen WWB (Werkstätten- und Wohnzentrum Basel) und SPZ (Schweizerisches Paraplegikerzentrum) mit Sportstätten zu ergänzen, entschieden sich Kanton und Bürgerspital, eine gemeinsame Anlage zu erstellen und zu betreiben.

Das neue Zentrum bietet neben einem Hauptspielfeld mit Rundbahn, je zwei Trainings- und Kleinspielfeldern und einer Finnenbahn eine Dreifachturnhalle, eine Einfachturnhalle, einen Kraftraum und eine Sauna an und – in einem eigenen, dem Hauptbau vorgelagerten Eingangsgebäude – Garderoben für Innen- und Aussensport sowie Buvette und Kiosk. Besonderheit dieses Sportzentrums: Die Parzelle schliesst zwar unmittelbar an die Anlagen des WWB an und gehört Schweizer Institutionen, liegt aber bereits auf französischem Territorium, und die Sporteinrichtungen stehen auch dem Lycée der benachbarten französischen Gemeinde St. Louis zur Verfügung.

Die Anlage interpretiert dabei ihre Mittlerrolle auf eigene Art: Die Baukörper nämlich bemühen sich keineswegs um einen engeren Zusammenschluss der Teile, sondern arbeiten im Gegenteil das Spezifische des Ortes heraus und machen die irreale Situation dieses

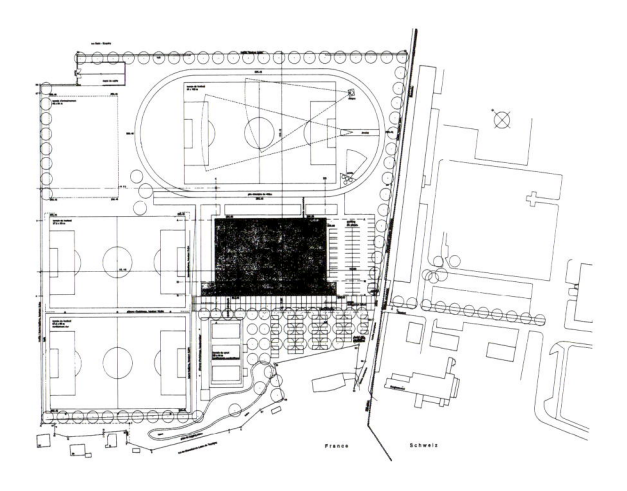

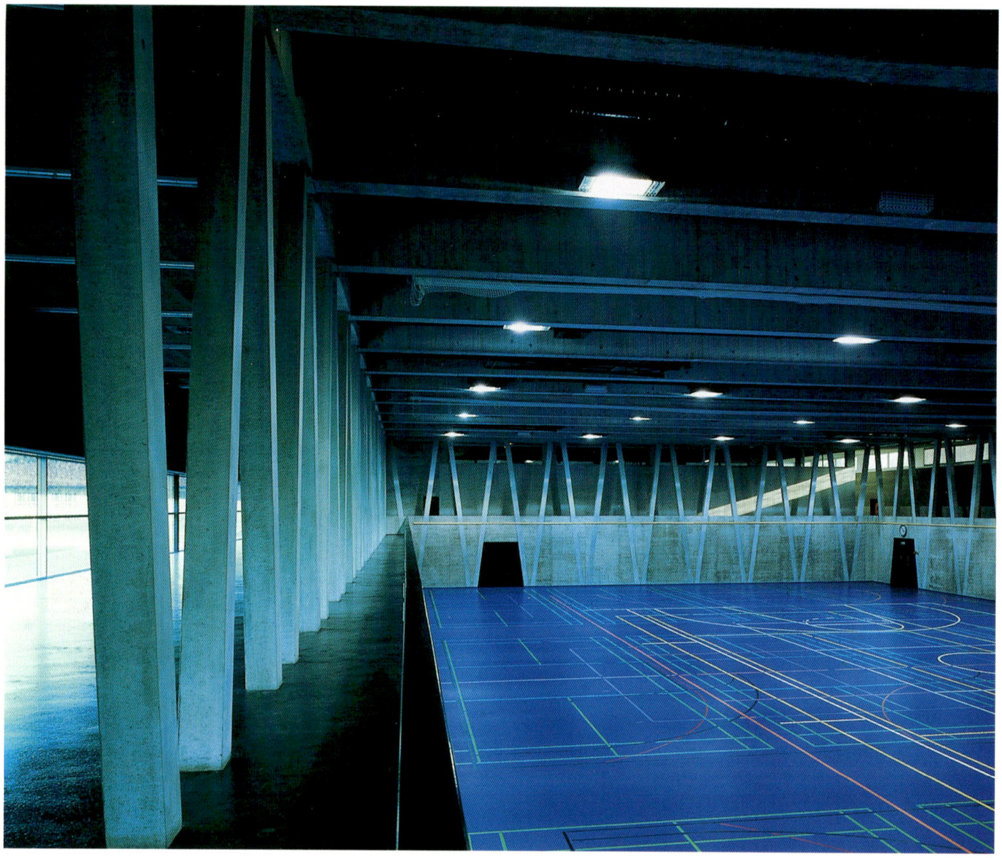

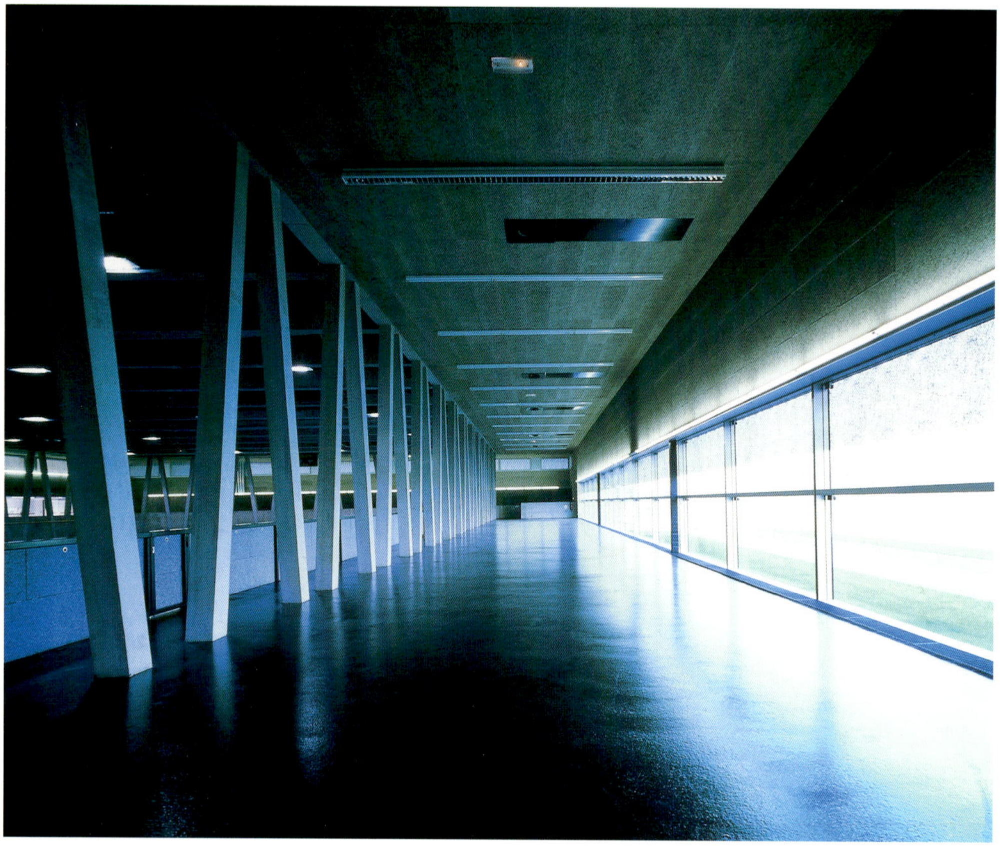

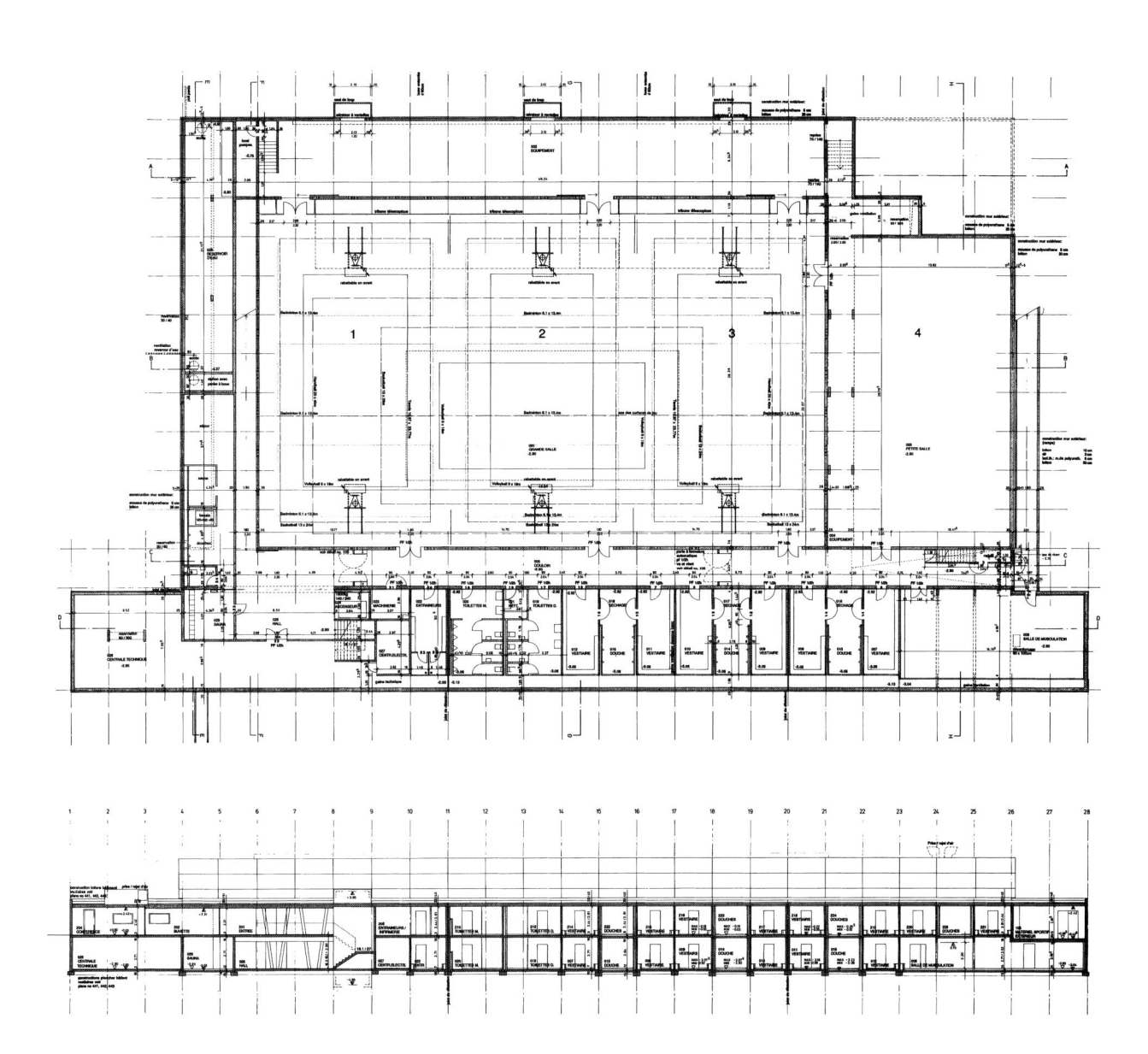

innerstädtischen Grenzstreifens augenfällig. Die schachtelförmige Halle nimmt keinerlei Kontakt zur Nachbarschaft auf, sondern verbindet sich mit dem seiner südwestlichen Längsseite angegliederten Eingangsbereich zum kompakten Solitär.

Nur zögernd öffnet sich der scharf geschnittene Hallenkubus der Umgebung: Ein langes, körperhohes Fensterband stellt die Verbindung zum Hauptspielfeld an seiner anderen Längsseite her. Der «Rest» hüllt sich in einen dunkelgeheimnisvollen Schleier. Denn obwohl der ganze Baukörper mit Glasplatten verkleidet ist, ist diese Transparenz trügerisch. Das Rauchglas nämlich ist mit einer Musterung bedruckt, das dasjenige der dahinter liegenden Isolationsschicht aus Steinwolle repetiert, und verweigert jeglichen Einblick.

Diese Abgeschlossenheit setzt sich innen fort: Gedämpftes Licht fällt von oben in die abgesenkte Halle. Ein Band aus V-förmig zueinander gestellten Betonstützen trennt sie von der umlaufenden Galerie. Es lässt diese fast wie einen Kreuzgang erscheinen und steigert die konzentrierte Introvertiertheit dieses Gebäudes.

Das vorgelagerte Betongehäuse gibt sich mit seinem weit auskragenden Dach deutlich offener. Die vorfabrizierten Betonplatten sind dabei ebenfalls mit einem Muster bedruckt, das hier die Unterseite des Vordachs, die Längswand und den Boden überzieht. In die Schalungsplatten wurden Matrizen mit Fotografien von Flusskieseln eingelegt, die auf die Herkunft des Betons verweisen. Durch ein eigens entwickeltes Druckverfahren wurde die Oberfläche stellenweise aufgerauht. Das Material gewinnt damit an Tiefe und lässt den Eingangsbereich zu einem weichen Futteral werden. Durch diese gleiche Behandlung der so unterschiedlichen Fassaden rücken die beiden Bau-

körper noch näher zusammen. Die sorgfältige Behandlung der Oberflächen lässt dabei die Volumen in den Hintergrund treten: Der Bau duckt sich zwischen die Sportflächen, als sperre er sich gegen ein Schliessen dieses offenen Stadtraums.

VERWALTUNGSBAUTEN

Neue Räume für die Verwaltung
Hans-Rudolf Holliger

Untersuchungsgefängnis und Staatsanwaltschaft
Feuerwache

E

NEUE RÄUME FÜR DIE VERWALTUNG

Hans-Rudolf Holliger

Verwaltungsbauten sollten für das Publikum leicht erreichbar und gut erschlossen sein und den Nutzern räumlich und betrieblich optimale Bedingungen bieten. Als Dienstleistungsbetrieb für die kantonale Verwaltung kommt dem Hochbau- und Planungsamt hier die Aufgabe zu, neue Verwaltungsbauten entsprechend zu konzipieren und zu bauen sowie die bestehenden, zumeist historischen Bauten an zentralster Lage zu unterhalten und laufend den neuen Bedürfnissen anzupassen.
Als Beispiele der letzten 10 Jahre sind zu erwähnen:

Justizdepartement

Untersuchungsgefängnis, Staatsanwaltschaft und Jugendanwaltschaft wurden in einem neuen Schwerpunkt an der Heuwaage zusammengeführt. Staatsanwaltschaft und Untersuchungsgefängnis befinden sich in einem Neubau der Architekten Wilfrid und Katharina Steib. Die dadurch am Lohnhof frei gewordenen Räumlichkeiten ermöglichten schliesslich die Neugestaltung des Lohnhofkomplexes (siehe Kulturbauten). Im vergangenen Jahr erwarb der Kanton an der Inneren Margarethenstrasse zudem eine Nachbarliegenschaft, die für die Bedürfnisse der Jugendstaatsanwaltschaft hergerichtet (Architekten: Flubacher, Nyfeler) und mit dem neuen Gebäudekomplex verbunden wurde.

Baudepartement

Ein weiteres Beispiel ist die Zusammenlegung der Bauinstanzen – also des Bauinspektorats, der Hauptabteilung Planung des Hochbau- und Planungsamtes, der Stadtgärtnerei und der Stadtbildkommission – in den Räumen der ehemaligen Unteren Realschule an der Rittergasse 4. Der in direkter Nachbarschaft stehende Hauptgebäudekomplex des Baudepartements wurde einer Fassadensanierung unterzogen. In enger Zusammenarbeit des Hochbau- und Planungsamtes mit der Basler Denkmalpflege wurde dabei die Farbigkeit des äusseren Erscheinungsbildes dem Zeitgeist des Münsterplatzensembles angepasst. Der Innenhof mit seiner gewölbten Lichtdecke aus Glasbausteinen wurde auf die ursprüngliche Farbgebung zurückgeführt und mit der noch eruierbaren Ornamentik ausgestattet.

Polizeiposten Strassburgerallee

Innenhof Baudepartement, Münsterplatz 11

Finanzdepartement

Im Haus zum Storchen, dem Sitz des Finanzdepartements am Fischmarkt, konnte durch einen ästhetisch und betrieblich gelungenen Innenhofbau, erstellt durch die Architektengemeinschaft Schwarz-Gutmann-Pfister, den prekären Raumverhältnissen der Finanzverwaltung begegnet werden.

Polizei- und Militärdepartement

Im Polizeibereich werden Konzentrationen durch das Konzept «4plus» erreicht: Den Bürgerinnen und Bürgern stehen neu vier Bezirkswachen im 24-Stunden-Betrieb zur Verfügung. Die bestehenden Quartierposten werden dabei entweder ganz geschlossen oder sind nur noch tagsüber geöffnet.

Realisiert sind bis heute die «Bezirkswache Clara» (Architekt: Hochbau- und Planungsamt) und die «Bezirkswache West». Letztere erhielt beim Kannenfeldpark einen von den Architekten Zwimpfer & Partner konzipierten Neubau und konnte am 1. Juli 2001 ihren Betrieb aufnehmen. Die «Bezirkswache City» im Spiegelhof (Berrel Architekten) ist auf Anfang 2002 betriebsbereit. Die im Spiegelhof seit langem anstehende betriebliche Neuorganisation der Einwohnerdienste wird mit der Verlegung der Militärverwaltung in das Zeughaus möglich: Im Zuge dieser Rochade wird die Umgestaltung der Schalterhalle geprüft. Sie soll Ortsansässigen und Neuzuzügern zentral die An- und Abmeldungen, die Ausstellung der Pässe und Identitätskarten sowie die Dienste des Stadtladens anbieten. In Evaluation ist noch der Standort für die vierte Bezirkswache in Basel Ost.

Nach der Reduktion der Lagerbestände durch den Bund kann das Zeughaus nun auch die Militärverwaltung aus dem Spiegelhof und das Amt für Zivilschutz aus dem Stadthaus aufnehmen. Die Herrichtung des Werkstattgebäudes ist noch im Gang. Es wird nach seiner Fertigstellung auf Anfang 2002 der Polizei für den Fahrzeugunterhalt und als Bereitstellungsraum bei Grosseinsätzen zur Verfügung stehen. Für die Umbauarbeiten zeichnet das Architekturbüro Hans Peter Hirt.

Mit der Erweiterung der Berufsfeuerwehr durch einen Neubau des Architekten François Fasnacht an der Kornhausgasse, mit Fahrzeughalle, Mannschaftsunterkünften und Schulungsraum sowie einer grossen, doppelgeschossigen Lagerhalle im Hofbereich, wurde auch hier eine räumliche Verdichtung unter gleichzeitiger Anpassung des Betriebes an die heutigen Anforderungen erreicht.

Wirtschafts- und Sozialdepartement

Als gewichtiges historisches Gebäude und Wahrzeichen der Stadt beansprucht das Rathaus einen speziellen Gebäudeunterhalt. So wurden 1992 das Turmdach inklusive dem Wandbild von Hans Baer, die Galerie-Fassade und das Standbild «Munatius Plancus» im Hof I und die Altherr-Wandbilder im Kreuzgang des Staatsarchivs saniert. Dazu kamen 1994/95 die Marktplatz-Fassade, 1997 die Saalbau-Fassade im Hof I sowie die Verbindungsterrasse im 3. Obergeschoss, 1999 die Mittelbau-Fassade und 2000 schliesslich die Kanzlei-Fassade im Hof I. Zur Förderung der Kundenfreundlichkeit konnte Anfang 2001 der Einbau einer fast unsichtbaren Rollstuhlhebebühne im Hof I und der zur behindertengerechten Erschliessung der Obergeschosse notwendige Liftumbau abgeschlossen werden.

Verwaltungsbauten **Untersuchungsgefängnis und Staatsanwaltschaft**

Standort Binningerstrasse 19–35, Innere Margarethenstrasse 18–22 **Bauaufgabe** Neubauten für Staatsanwaltschaft, Untersuchungsgefängnis und Polizeiposten **Architekten** Wilfrid und Katharina Steib, Basel **Projektdaten** Direktauftrag 1980, Ausführung 1991–95 **Gesamtinvestition** 75,3 Mio. CHF

Vom «Lohnhof» zum «Waaghof»

Seit 1821 befand sich das Untersuchungsgefängnis im Lohnhof. Die Erweiterungsmöglichkeiten in diesem dichten, kleinteiligen Altstadtbereich waren dabei längst ausgeschöpft und die Haftbedingungen in den historischen Mauern alles andere als zeitgemäss. Auch die Unterbringung der Staatsanwaltschaft in sechs verschiedenen Liegenschaften war unbefriedigend. Die Neuorganisation der Bereiche Strafjustiz und -vollzug und deren Konzentration in einem gemeinsamen Gebäudekomplex ermöglicht nun eine effiziente Zusammenarbeit. Nicht zuletzt wurden mit deren Umzug auch attraktive Liegenschaften für Wohnzwecke frei.

Die besonderen Nutzungen aber stellen architektonisch wie städtebaulich höchst unterschiedliche Anforderungen: Die Büros der Staatsanwaltschaft sollten als Anlaufstelle bürgernah ausgerichtet sein, während sich eine Haftanstalt so hermetisch wie möglich von der Aussenwelt abriegelt. Eine weitere Schwierigkeit bestand darin, diesen grossen und inhaltlich heterogenen Komplex in ein sowohl topografisch als auch städtebaulich höchst anspruchsvolles Gelände einzufügen.

Die Binningerstrasse folgt dem Birsigtal und stösst von Süden her mit der Heuwaage auf einen Ort im Umbruch, der bis heute kaum mehr als ein Verkehrsverteiler ist und sich erst noch zum Stadtplatz entwickeln muss. Auch die vom Bahnhofshügel kommende Innere Margarethenstrasse mündet hier. Das Gelände zwischen diesen beiden Strassen weist im oberen Bereich nicht nur ein Gefälle von rund drei Stockwerken auf, sondern ist tief hinein von beiden Seiten mit Hinterhäusern bebaut. Auf einem 7000 m² grossen Areal, das sich aus zwei Rechtecken, einem Trapez und mehreren kleinen

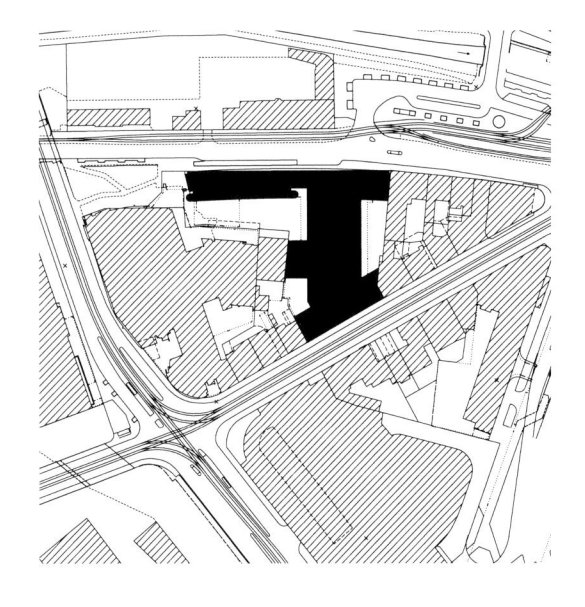

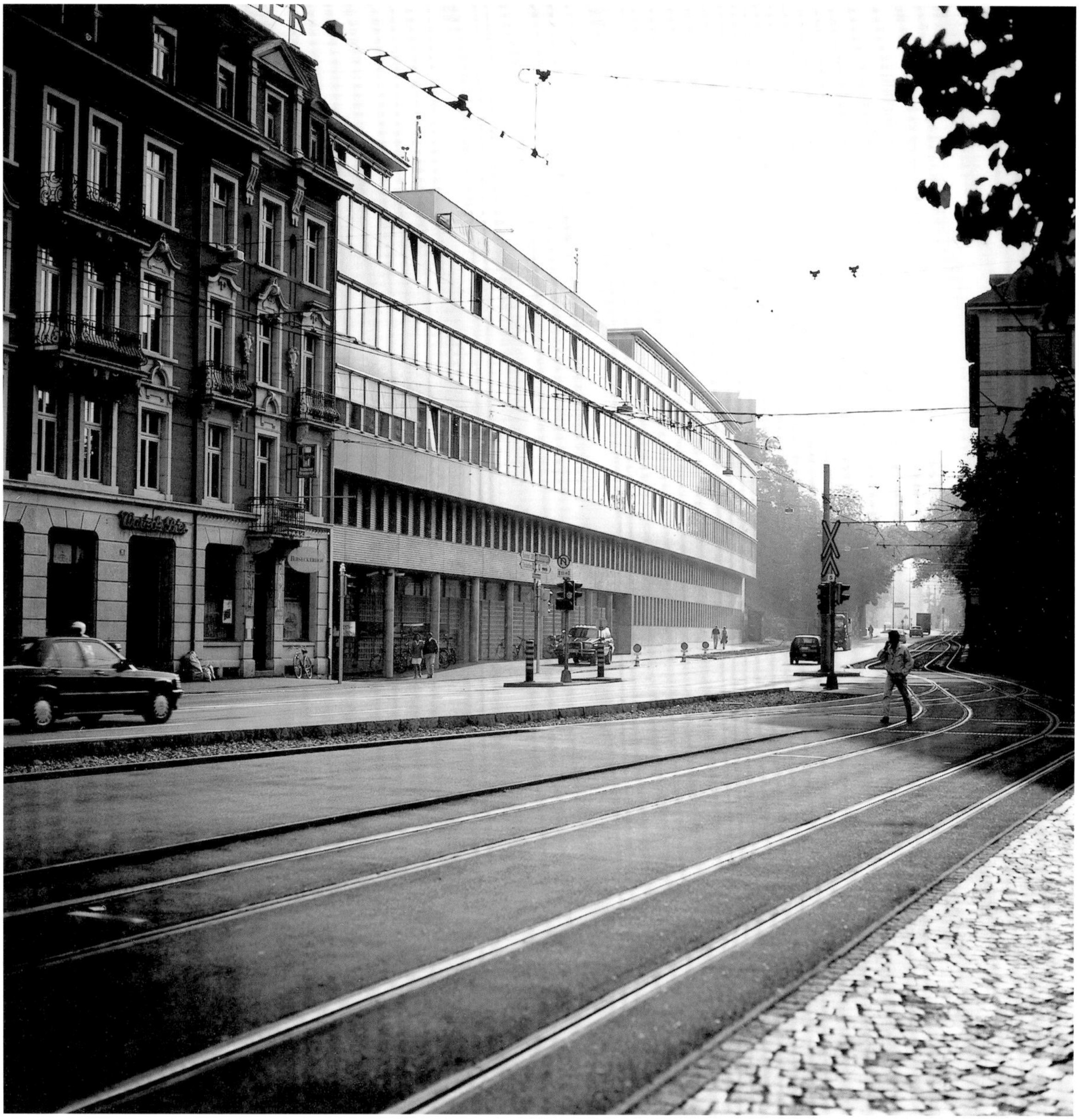

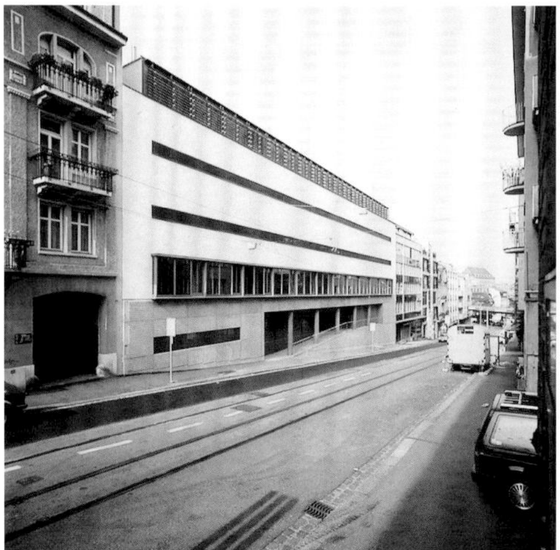

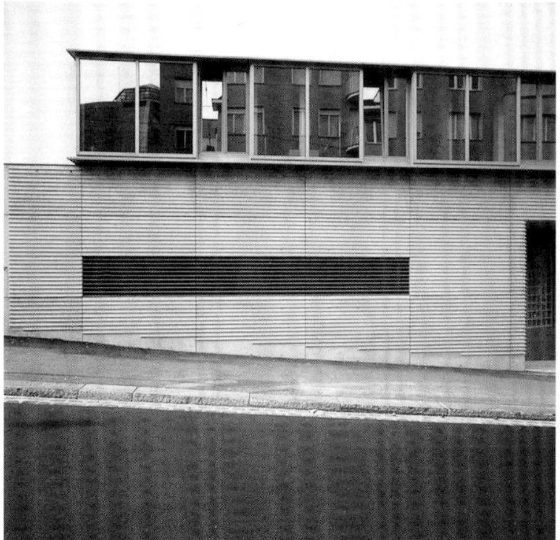

Dreiecken zusammensetzt, waren hier 24 000 m² Nutzfläche für Staatsanwaltschaft, Kriminalkommissariat, Haftanstalt und einen Polizeiposten zu schaffen.

Seine funktionell wie städtebaulich unterschiedlichen Vorgaben werden in der Zweiteilung des Baukörpers manifest: Die Büros der Staatsanwaltschaft sind in einem lang gestreckten Volumen an der Binningerstrasse zusammengefasst, das auch den zentralen Zugang aufnimmt. Die klare Gliederung der Fassade in Sockel, Obergeschosse und zurückversetztes Dach und deren differenzierte Gestaltung reduzieren das gut 100 m lange, sechsgeschossige Volumen auf ein menschliches Mass. Mit seinem eleganten Schwung, der der Bewegung der Strasse folgt – und damit zugleich den Dialog aufnimmt mit dem Hallenbadbau auf der anderen Seite des Tals – wird er zum markanten Baustein eines zukünftigen Heuwaage-Platzes.

Der eigentliche Strafvollzugsbereich ist daran anschliessend im Inneren der Parzelle untergebracht, deren Hanglage von aussen nicht einsehbare Höfe ermöglicht. Dieser Zwischentrakt stösst bis zur Inneren Margarethenstrasse vor und fügt sich hier trotz seiner Geschlossenheit diskret in das Strassenensemble ein.

Wichtigstes Gestaltungselement im Inneren ist neben den bemerkenswerten künstlerischen Interventionen für alle Bereiche das Licht. Ob Gänge, Büros, Zellen oder Aufenthaltszonen – wo immer möglich werden die Räume von der Seite oder von oben her natürlich belichtet: Das in den Fassaden sichtbare Bemühen um städtebauliche Verträglichkeit findet hier, im Einsatz für einen humanen Lebensraum, seine Fortsetzung.

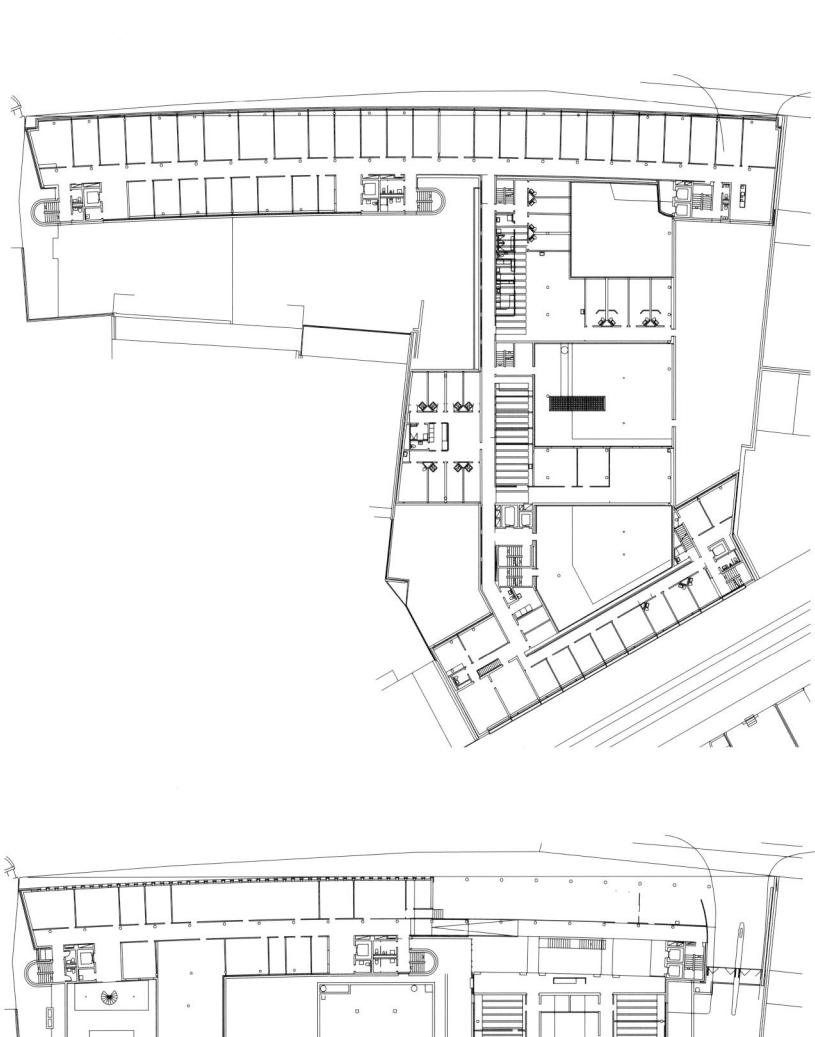

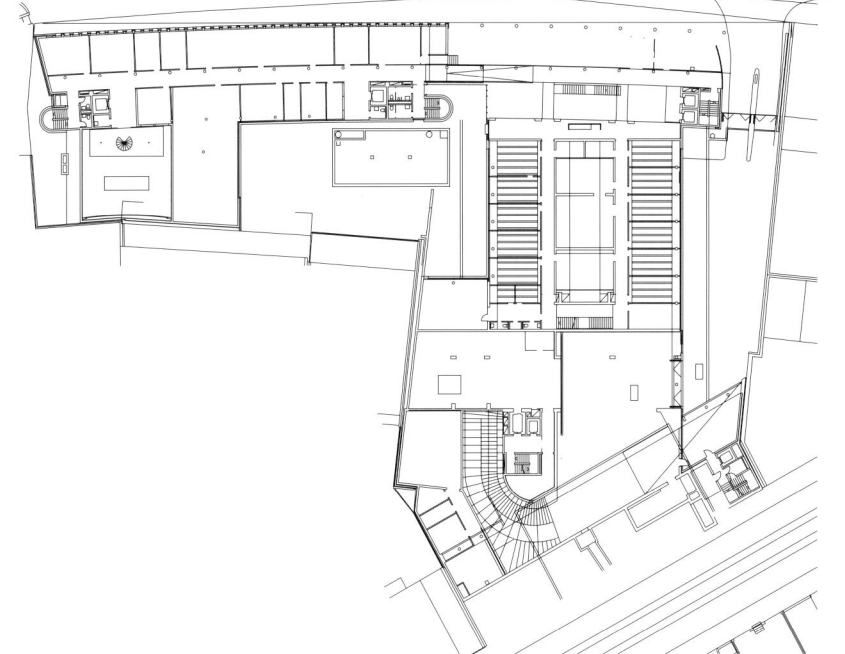

Halle zwischen Untersuchungsgefängnis und Staatsanwaltschaft

133

Verwaltungsbauten **Erweiterung Feuerwache**

Standort Kornhausgasse 10–18 **Bauaufgabe** Reorganisation, bauliche Sanierung und Erweiterung der Einsatzzentrale der baselstädtischen Feuerwehr
Architekten François Fasnacht, Basel **Projektdaten** Wettbewerb 1990–91 (Furrer & Fasnacht, Basel), Ausführung 1997–99 **Gesamtinvestition** 14 Mio. CHF

Allzeit bereit!

Der traditionelle Standort der Basler Berufsfeuerwehr am Rand der historischen Altstadt ist funktional richtig, aber nicht unproblematisch. Mit dem in den 40-er Jahren am Schützengraben erstellten, architektonisch und konstruktiv interessanten Bau (nach Plänen des ehemaligen Kantonsbaumeisters J. Maurizius) verfügt der «Lützelhof» zwar über einen direkten Zugang zu einer wichtigen Erschliessungsstrasse der Stadt. Im rückwärtigen Bereich jedoch sind Erweiterungsmöglichkeiten wie Bewegungsfreiheit durch die verwinkelte Hinterhoflandschaft der mittelalterlichen Vorstadt zwischen Schützenmattstrasse, Spalenvorstadt und Kornhausgasse eingeschränkt.

Seit 1967 gab es immer wieder Vorstösse zur Neuorganisation und Erweiterung der Anlage. Zeitweilig wurde auch die Verlegung der Feuerwache an einen neuen Standort diskutiert. Mit dem Grundsatzentscheid, den bestehenden Ort beizubehalten, und dem Kauf zweier Hinterlandparzellen zur Spalenvorstadt waren Mitte der achtziger Jahre dann die ersten Hürden genommen. Doch erst nach massiver Redimensionierung des Wettbewerbsprojekts, der Dislozierung des beliebten Restaurants «Kornhaus» von einer zum Abbruch bestimmten Liegenschaft an der Kornhausgasse ins Nachbarhaus und zu guter Letzt nach der Anpassung der Pläne an die eidgenössischen Vorschriften zur Erdbebensicherheit von «Bauwerken mit lebenswichtiger Infrastrukturfunktion» konnte nach drei Jahrzehnten der Planung die Modernisierung der Einsatzzentrale der baselstädtischen Feuerwehr baulich umgesetzt werden.

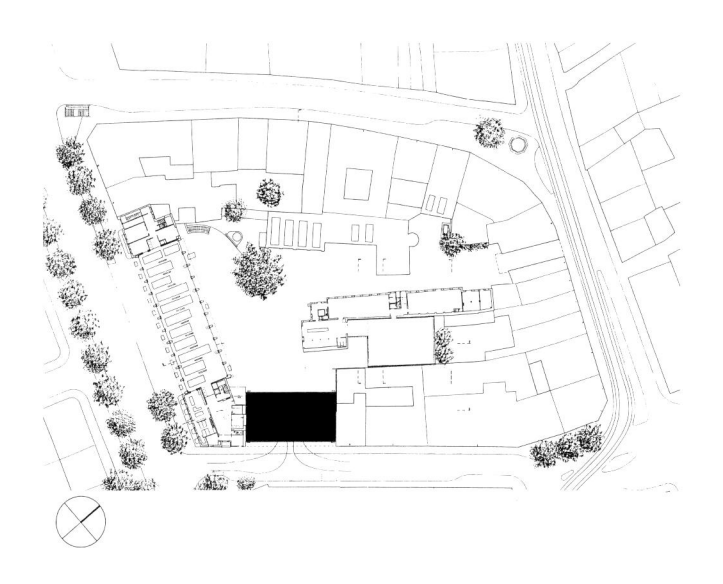

Im Strassenraum wird von den beiden Neubauten nur der Baukörper der Fahrzeughalle mit Mannschafts- und Schulungseinrichtungen sichtbar. Er spannt sich zwischen die bestehenden Volumen an der Kornhausgasse und vermittelt als zurückhaltender, ruhig und präzis proportionierter Baukörper zwischen seinen heterogenen Nachbarn. Die Lagerhalle liegt im rückwärtigen, nun «aufgeräumten» Hof und nimmt hier als schlichter, zweckgebundener Industriebau die vorher im Freien deponierten Container auf.

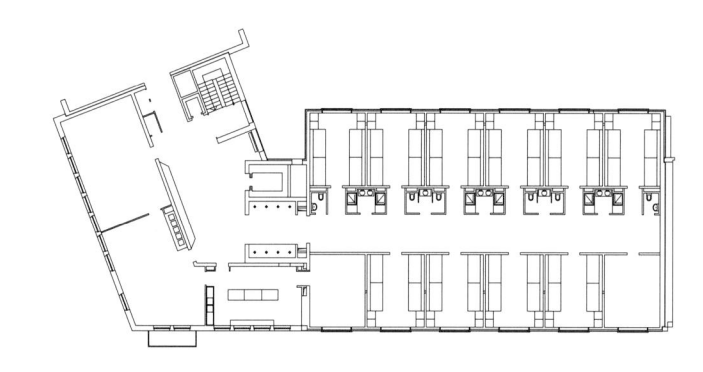

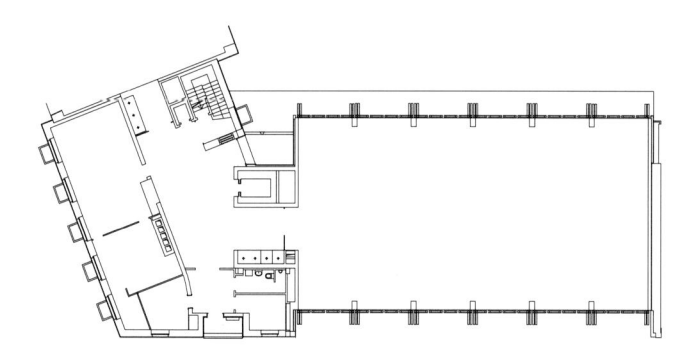

Die Fassade des Vorderbaus zeigt klar die unterschiedlichen, horizontal geschichteten Funktionen dieses Gebäudes: Der mittlere, zweigeschossige Bereich verweist mit seiner glatten Kratzputzfassade und den einfachen, liegenden Rechtecken der Fenster auf die eher private Nutzung der Mannschaftsräume. Dieser wird nach oben von einem Attikageschoss eingefasst, das den Schulungsbereich aufnimmt und mit seiner hohen Fensterreihe die optische Klammer bildet zur ebenerdigen, doppelgeschossigen Fahrzeughalle mit ihren 24 hohen Falttoren aus grün schimmerndem Rohglas. Unter ihr liegt im Kellergeschoss der Atemschutzparcours.

Der Ausfahrtbereich setzt sich in seiner Sprache deutlich von den anderen Bauteilen ab: Sind die Faltwände zurückgeschoben, öffnet er sich über die ganze Breite zum weiten Tor. Im geschlossenen Zustand wird die besondere Funktion dieses Teils durch die von der Baulinie zurückversetzte, 27 m breite und 6 m hohe Glaswand deutlich, die tagsüber als semitransparente Haut die Halle mit Licht versorgt. Wie durch einen Schleier nimmt man dahinter die roten Löschfahrzeuge wahr – allzeit bereit, auszufahren und die Stadt vor Katastrophen zu schützen.

137

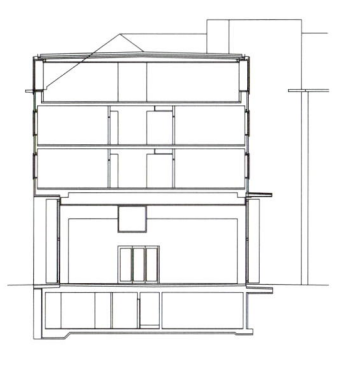

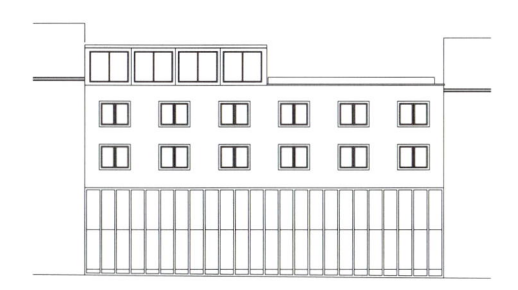

KULTURBAUTEN

Staatliche und private Kulturförderung
Hans-Rudolf Holliger

Gundeldinger-Casino
Restaurant Dreiländereck
Musikmuseum

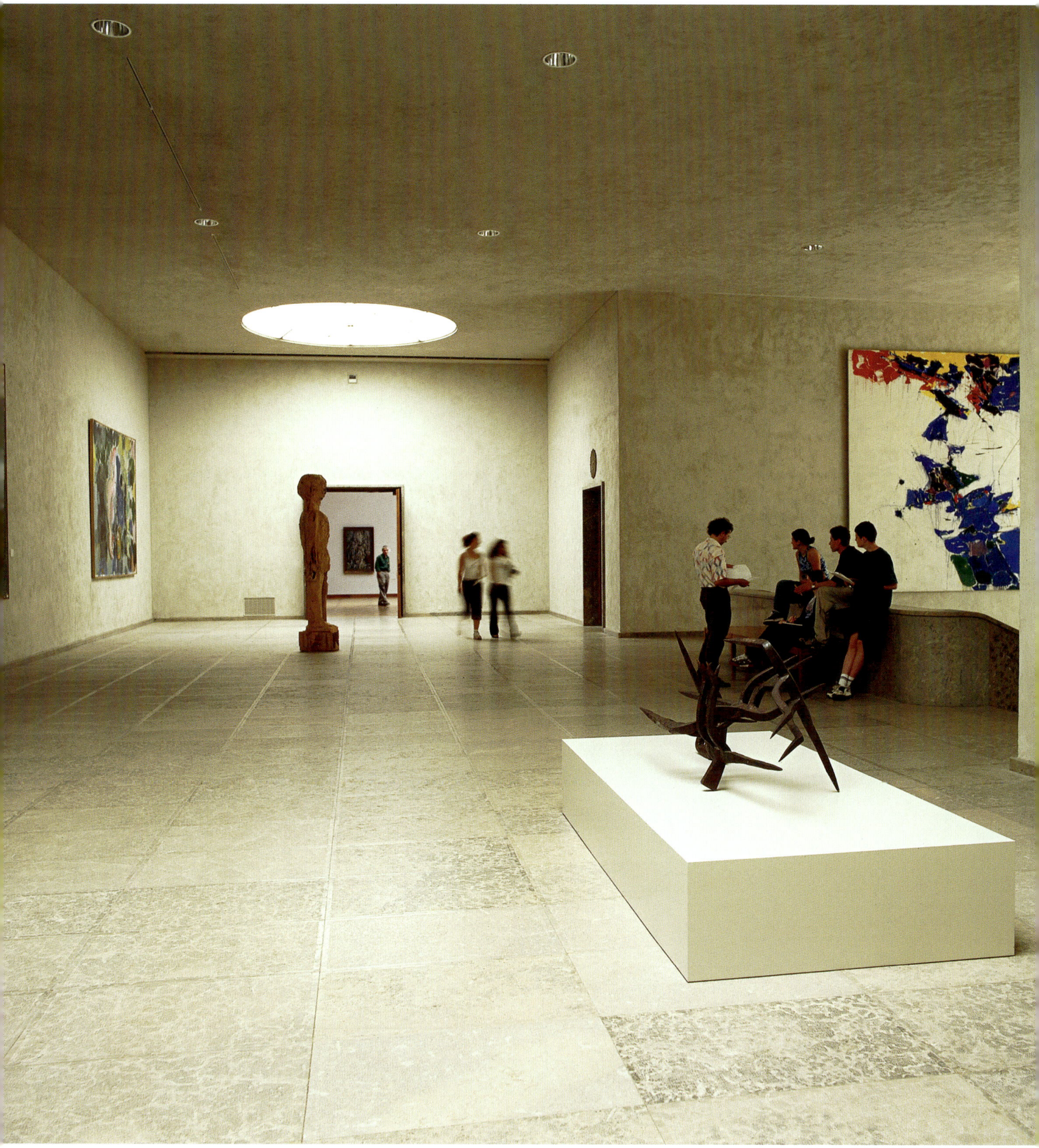

STAATLICHE UND PRIVATE KULTURFÖRDERUNG

Hans Rudolf Holliger

Basel ist zwar das anerkannte und geschätzte Kulturzentrum der trinationalen Region. Doch die beschränkten finanziellen Mittel des Stadtkantons erlauben es kaum mehr, die bestehenden Kulturbauten und -einrichtungen zu unterhalten, geschweige denn das Angebot zu erweitern. Somit stellt sich die Frage, wie die Stadt ihr hohes Kulturniveau und die Vielseitigkeit des Angebots beibehalten kann.

Hier ist – neben dem generellen Interesse und Engagement der Bevölkerung der Stadt und der weiteren Agglomeration – der grossen Zahl von Privatpersonen und Institutionen zu danken, die mit ihrem Mäzenatentum immer wieder Neues anregten und ermöglichten, wie auch den vielen privaten Trägerschaften, die sich aktiv für die Erhaltung von bestehenden Bildungsstätten einsetzten. In den letzten 10 Jahren erreichte die seit der Gründung der Kunstsammlung mit der Übernahme des Amerbach-Kabinetts im Jahr 1661 anhaltende Tradition der privaten Kulturförderung eine neue Dimension und führte schliesslich – verbunden mit den ebenfalls beachtlichen Investitionen durch den Kanton – zur Realisierung einer Vielzahl von Bauten und Sanierungen.

Museen

Im Museumsbereich konnten so zwei gewichtige Neubauten verwirklicht werden: das Jean Tinguely-Museum im Solitude-Park als Schenkung der Firma Hoffmann-La Roche AG zu ihrem 100-jährigen Bestehen, erbaut 1996 nach Entwürfen von Mario Botta, und das Museum der Fondation Beyeler im Berowerpark in Riehen, das 1997 im Auftrag der Beyeler-Stiftung nach Plänen von Renzo Piano fertiggestellt wurde. An beiden Orten engagierte sich – im Wissen um den Stellenwert der Institutionen wie auch ihrer Architektur in der Basler Kulturlandschaft – der Kanton respektive die Gemeinde Riehen durch begleitende Beihilfen in der Umgebungsgestaltung und günstige Baurechtsverträge.

Vollumfänglich privat finanziert ist das Puppenhaus-Museum am Barfüsserplatz, das Frau Gisela Oeri in einem ehemaligen Geschäftshaus einrichten liess. Die vom Kunstverein Basel geführte Kunsthalle am Steinenberg erhielt in Würdigung der auf eigene Initiative durchgeführten «Bettelaktion Kupferblätz» vom Kanton eine massgebliche finanzielle Unterstützung zur dringend erforderlichen Sanierung des Kupferdachs und der Glasoberlichter.

Das Historische Museum erhielt aus dem Kantonsvermögen den Zellentrakt des ehemaligen Untersuchungsgefängnisses Lohnhof, um hier seine Musikinstrumentensammlung in adäquater Weise zu präsentieren. Das Gebäude wurde unter Wahrung seiner nicht alltäglichen Struktur von den Architekten Morger & Degelo in enger Zusammenarbeit mit der Basler Denkmalpflege umgebaut und in das gesamte Neunutzungskonzept des Lohnhofs mit Wohnen, Restaurant und dem Kleintheater «Baseldytschi Bihni» eingegliedert. Die Realisierung dieser Neueinrichtung wurde im Wesentlichen durch die Schenkung von Frau Jenny von Lerber-Sarasin möglich sowie durch namhafte Beiträge von Paul Sacher, Katharina Huber-Steiner, der Stiftung für das Historische Museum Basel aus dem Legat der Geschwister Max, Alice und Hedi Keller und Zuschüssen der Adele Jenny Burckhardt-Stiftung sowie des Kantons Basel-Stadt.

Aus dem Legat Wilhelm Arnold Bachofen finanzierte die Stiftung für das Historische Museum Basel die Umgestaltung des Bereichs für Früh- und Stadtgeschichte im Kellerraum der Barfüsserkirche. Der so in Zusammenarbeit zwischen der Direktion des Historischen Museums und dem Hochbau- und Planungsamt entstandene neue Sonderausstellungsraum wurde im Juli 2001 mit der Ausstellung «Der Basler Münsterschatz» seiner Bestimmung übergeben.

Die Leitungen des Museums der Kulturen und des Naturhistorischen Museums konnten sich, trotz dringlichen Bedarfs, mit einem Wettbewerbergebnis des Jahres 2000 zur Unterkellerung respektive Überdachung des grossen Innenhofs nicht anfreunden. Dank dem Ankauf der Tibetsammlung und gleichzeitiger Kostenübernahme der räumlichen Herrichtung durch Frau Catherine Oeri können nun aber Räume des Museums der Kulturen im zweiten Obergeschoss für die Präsentation der wertvollen Ausstellungsobjekte angepasst werden. Aus privaten Mitteln wurde dem Museum zudem die Einrichtung eines von den Architekten Diener & Diener gestalteten Restaurants mit Bistroteil im Erdgeschoss der gegen den Münsterplatz gelegenen Altstadtliegenschaften ermöglicht. Mit der im Sommer stattfindenden Aussenbewirtschaftung wird nun nicht nur der Innenhof, sondern auch der Münsterplatz belebt.

Im Anschluss an die erfolgreiche Ausstellung «Ägypten – Augenblicke einer Ewigkeit» flossen dem Antikenmuseum Basel & Sammlung Ludwig Schenkungen und Dauerleihgaben zu, für die – eingebunden in die eigene Sammlung – eine adäquate Ausstellungsform in den bestehenden Räumlichkeiten nicht gefunden werden konnte. Da die Errichtung oberirdischer Bauten auf dem Areal ausgeschlossen war, konnte einzig über eine den bestehenden Gebäudefluchten folgende Hofunterkellerung Neuraum geschaffen werden. Die UBS AG erklärte sich bereit, die Bau- und Einrichtungskosten als Schenkung zu übernehmen, so dass schliesslich nur die Grabungskosten der archäologi-

Kunsthalle Basel

schen Bodenforschung als öffentliche Aufgabe vom Kanton aufgebracht werden mussten. Seit Juni 2001 steht der interessierten Bevölkerung im Ausstellungstrakt unter dem neu gestalteten Innenhof die Ägypten-Sammlung offen. Für die Architektur zeichnet das Büro Alioth Langlotz Stalder Buol Architekten verantwortlich. Dank der von der Stiftung PRO ARTE DOMUS gesprochenen Zuwendung von Fr. 500 000.– und einem Kantonsbeitrag von Fr. 165 000.– konnten auf die Eröffnung wie auch auf den 105. Geburtstag von Architekt Melchior Berri hin die Strassenfassaden des Museumskomplexes durch das Hochbau- und Planungsamt saniert werden.

Die Sicherheitsmassnahmen des 1932–1936 nach Plänen von Rudolf Christ und Paul Bonatz errichteten Kunstmuseums erwiesen sich Ende der 80-er Jahre als nicht mehr zeitgemäss. So bewilligte der Regierungsrat Anfang 1990 für die Anpassung der Elektroinstallationen, die Anpassung und Erweiterung der Brandmelde- und Sicherheitsanlage sowie für die Sanierung der Fenster und diverse Unterhaltsarbeiten im Bereich des Cafés, des Kindermalateliers und der Toilettenanlagen 7,7 Millionen Franken. All diese – abgesehen von der Erneuerung des Wandverputzes in der Eingangshalle und den Umgängen im 1. Obergeschoss – für die Museumsbesucher nicht sichtbaren Massnahmen wurden etappenweise vorgenommen und 1995 unter Aufrechterhaltung des Museumsbetriebs durch Berger + Toffol Architekten abgeschlossen.
Diese Aufrüstungsarbeiten vermochten jedoch nur einen Teil der von der Museumsdirektion und den Leihgebern an einen zeitgemässen Museumsstandard gestellten Ansprüche zu erfüllen. Nach eingehender Diskussion erteilte daher der Regierungsrat Ende 1997 dem Baudepartement die Vollzugsermächtigung für weitere Sanierungs- und Sicherheitsmassnahmen in einem Gesamtbetrag von 14,9 Millionen Franken. Besucherinnen und Besucher können somit seit Mai 2001 durch ein frisch verputztes Treppenhaus in vollständig sanierte Ausstellungsräume eintreten. Die ehemalige brandlastige Stoffbespannung wurde entfernt und unter gleichzeitigem Einbau einer Annäherungssicherung durch gestrichene Wandflächen ersetzt, die je nach Ausstellungsgut in verschiedenen Farben gehalten sind. Die neue Lüftungsanlage sichert gleichmässige Temperatur und Luftfeuchtigkeit. Die neu verglasten inneren und äusseren Oberlichter mit diversen Schattierungsmöglichkeiten und integrierter künstlicher Belichtung tragen zur Werterhaltung der Objekte wie auch zur Behaglichkeit der Ausstellungsräume bei. Die im Haupttreppenhaus mit Vorplätzen und zum Teil auch in den Kabinetten erneuerte Beleuchtung konnte dank der Kostenübernahme durch das Patronatskomitee Kunstmuseum realisiert werden. Besondere Sorgfalt wurde von den mit dieser Aufgabe

Historisches Museum. Ausstellungsarchitektur Münsterschatz

Antikenmuseum. Die neue Abteilung mit Ägyptischer Kunst

betrauten Architekten Berger + Toffol auf zu erhaltende Details gelegt wie etwa die Sprossierung der Oberlichter, die Profilerhaltung der Täfer und Türleibungen oder die Ausgestaltung der Lüftungsein- und -auslässe.

Mit der Umstrukturierung und baulichen Erweiterung des Anatomischen Instituts durch die Architekten Fierz & Baader wurden ausserdem im Altbau Räumlichkeiten frei, die eine Neukonzeption des Anatomischen Museums erlaubten. Dank der Initiative Privater, d.h. durch die Gründung einer Stiftung, die sich an den Betriebs- und Aufsichtskosten beteiligt, konnte zudem die Schliessung des Museums Kleines Klingental verhindert werden. Auf dem Friedhof am Hörnli trug die Friedhofsverwaltung der Sammeltätigkeit eines Mitarbeiters Rechnung und stellte Räume zur Präsentation der Bestattungskultur zur Verfügung. Und schliesslich erhielt die Paul Sacher Stiftung (Archiv und Forschungsstätte für Musik des 20. Jahrhunderts) vom Kanton die Möglichkeit, die benachbarte Staatsliegenschaft Münsterplatz 6 zu erwerben und damit ihre Raumnot zu entschärfen.

Theater

Im Angebot von Theaterstätten hat der Kanton jährlich beachtliche Mittel an die Gebäudeunterhaltsarbeiten und insbesondere an die Erhaltung der bühnen- und lichttechnischen Einrichtungen aufzuwenden. Im Stadttheater wurden die Unter- und Oberbühnen vollständig saniert und aufgerüstet, die Brandmeldeanlage den gesetzlichen Auflagen angepasst und das Schliesssystem erneuert. Im Aussenbereich mussten die durch Rollbrettfahrer stark in Mitleidenschaft gezogenen Treppenanlagen saniert und die von Sprayereien überstrapazierten Fassaden einer periodischen Reinigung, zum Teil bis zur Putzerneuerung, unterzogen werden. Nicht budgetiert war die 1997 ebenfalls erforderliche umgehende Erneuerung der Hängedachhaut, die sich infolge eines Sturmes grossflächig gelöst hatte. Dass das Theater Basel infolge der Auflösung der Fremdmiete der Komödie ab Mitte Januar 2002 den Schauspielhausneubau an der Steinentorstrasse beziehen kann, ist ebenfalls auf privates Sponsoring zurückzuführen. Dank der Initiative der Stiftung «Schau-

spielhaus Ladies First» wurde der vom Grossen Rat gestellten Resolutivbedingung fristgerecht entsprochen, den Kantonsbeitrag von 11.5 Millionen Franken mit privaten Beiträgen auf 21 Millionen Franken zu erhöhen. Zwischenzeitlich beträgt der Stiftungsbeitrag 17.5 Millionen Franken zusätzlich zum Kantonsanteil und ermöglicht damit einen der heutigen Theatertechnik entsprechenden Ausbau und auch eine Komfortsteigerung in der Innenausstattung. Nicht unerwähnt bleiben darf der Beitrag der Stiftung «Ladies First» für die Herrichtung eines Theater-Restaurants in dem an das Schauspielhaus angrenzenden Gebäude.

Weitere Kulturstätten

Auf dem Kasernenareal finanzierte der Kanton die Herrichtung der ehemaligen Lagerräumlichkeiten «Baggenstoss» für das Junge Theater Basel, also den Einbau eines für Proben und Aufführungen tauglichen Kleintheaters mit Infrastrukturräumen. Ebenfalls beachtliche Kantonsmittel wurden, ergänzt durch ebenso grosse private Beiträge, in den Um- und Ausbau der ehemaligen Reithalle investiert (Itten + Brechbühl). Die in der Theater-, Musik- und Tanzszene aktive «Kaserne Basel» kann nun mit der Aufrüstung des Aktionsraums mit Foyer, Bar und Künstlergarderoben das Kulturzentrum Kleinbasel festigen. Zur Durchführung von Grosskulturanlässen, z.B. des Theaterfestivals, wird das Gesamtangebot durch den Einbezug der sanierten Turnhalle und der Freiflächen bereichert.

Zur Kultur- und Stadtbelebung trägt auch der Ersatzbau der Quartierkulturstätte «Gundeldinger-Casino» mit Saalangebot, Restaurant, Läden und Wohnungen bei. Erstellt wurde es 1998 im Auftrag einer privaten Trägerschaft und mit massgeblicher kantonaler Unterstützung durch das Architekturbüro Architeam 4. Als beliebte Touristenattraktion darf in diesem Zusammenhang auch das Restaurant Dreiländereck aufgeführt werden, realisiert von Larghi Architekten und Lukas Dietschy im Auftrag der Rheinschifffahrtsdirektion, das nun mit seinen Glasfassaden die Offenheit zur trinationalen Region symbolisiert.

Kulturbauten **Gundeldinger-Casino**

Standort Tellplatz 6   **Bauaufgabe** Neubau eines Quartierzentrums mit Konzert- und Theatersaal, Konferenzräumen, Bistro, Restaurant, Läden, Büros und Wohnungen   **Architekten** Architeam 4, Basel   **Projektdaten** Wettbewerb 1990, Ausführung 1992–95   **Gesamtinvestition** 17 Mio. CHF

Schachbrett, Kreis und Tortenstück

Im letzten Viertel des 19. Jahrhunderts wurde das Gundeldinger Quartier in bloss 30 Jahren in einem Zug aus dem Boden gestampft. Das regelmässige Schachbrettmuster der Strassenzüge wurde dabei nur zweimal aufgebrochen: Einer dieser Orte ist der kreisrunde Tellplatz. Hier kreuzen sich mit der Güterstrasse und der Bruderholzstrasse zwei wichtige Erschliessungswege, und hier mündet als eine von nur zwei Diagonalen von der Münchensteiner Brücke her die Tellstrasse.

An diesem prägnanten Standort, im Schnitz zwischen Güterstrasse und Tellstrasse, entstand 1899 nach Plänen von Rudolf Sandreuter das erste Gundeldinger-Casino mit Wohnungen, Terrasse, Kegelbahn und grossem Konzertsaal mit Galerie. In den 40-er Jahren des vergangenen Jahrhunderts fiel es einem Brand zum Opfer und wurde 1944 durch einen Neubau von Fritz Rickenbach ersetzt. Dieser Nachfolgebau mit seinem hohen, fünfgeschossigen Kopf zum Tellplatz für Laden und Wohnungen und einem rückwärtigen, niedrigeren Saal-Annex tat seine Dienste, bis 1989 die Decke des Saals einstürzte und man sich schliesslich entschied, das sanierungsbedürftige Gebäude wieder durch einen Neubau zu ersetzen.

Das neue Gundeldinger-Casino mit Saal für Konzerte und Theateraufführungen, mit Bistro und Restaurant, mit Wohnungen, Läden und Büros löst die komplexe Bauaufgabe, indem es die Geometrien des Ortes aufnimmt und die heterogenen Nutzungen räumlich klar gruppiert. Zentrales Ordnungselement ist eine gedachte Achse, die von der geometrischen Mitte des Platzkreises aus das gesamte Gebäude durchstösst. Ihr ordnen sich zum Tellplatz hin mit dem Zugang zum Saal, mit Strassencafé und Restau-

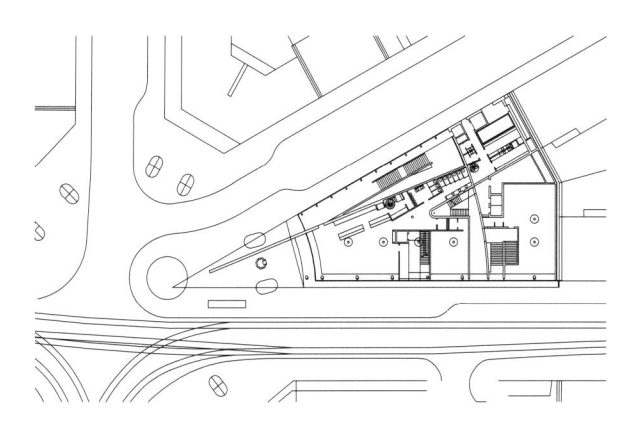

146

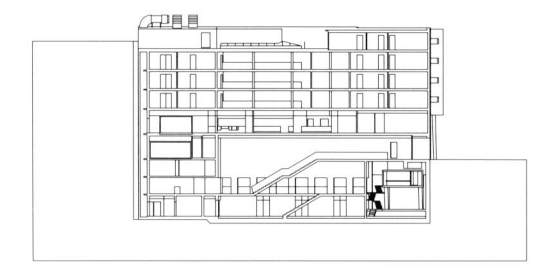

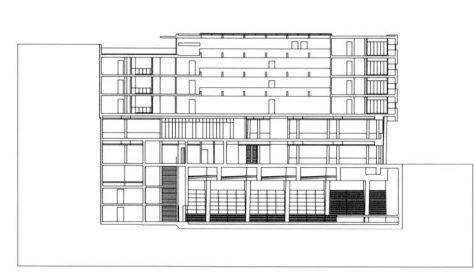

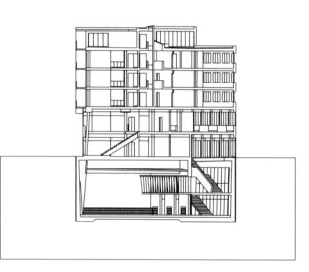

rant die öffentlichen Funktionen zu. Die konkave Fassade im Restaurationsbereich – die innen im unterirdischen, trichterförmigen Saal wiederkehrt – lässt die ursprüngliche städtebauliche Idee des Kreises wieder aufleben und verankert das Gebäude im historischen Kontext des Ortes.

Diese Geometrie wird von einer zweiten überlagert, die sich aus den anstossenden Strassenzügen ergibt: Mit zwei nicht symmetrischen Schenkeln vervollständigt der Neubau volumetrisch die Strassenräume an der Güterstrasse und an der Tellstrasse. Hinter der grosszügig verglasten Südfassade an der Güterstrasse liegen im Sockelgeschoss die Läden und darüber die Wohnungen mit durchgehenden Balkonen. Die Lochfassade des Schenkels entlang der Tellstrasse, der die Büronutzungen aufnimmt, ergibt sich aus der Nordorientierung und den benachbarten Gebäuden.

Trotz der beachtlichen Gebäudetiefen von bis zu 30 Metern entwickelt dieser komplexe Baukörper in seinem Inneren ein reiches Spiel mit dem natürlichen Licht: Das entlang der Tellstrasse verglaste Foyer fungiert als «Lichtmaschine» für den Saal. Im Schnittpunkt der beiden Schenkel erhellen «Lichtkanonen» vom Dach her die innen liegenden Erschliessungsbereiche für den Büroflügel und die Wohnungen. Und die grosse Dachterrasse schliesslich wird zum natürlichen «Solarium», das den fehlenden Aussenraum der Wohnungen kompensiert.

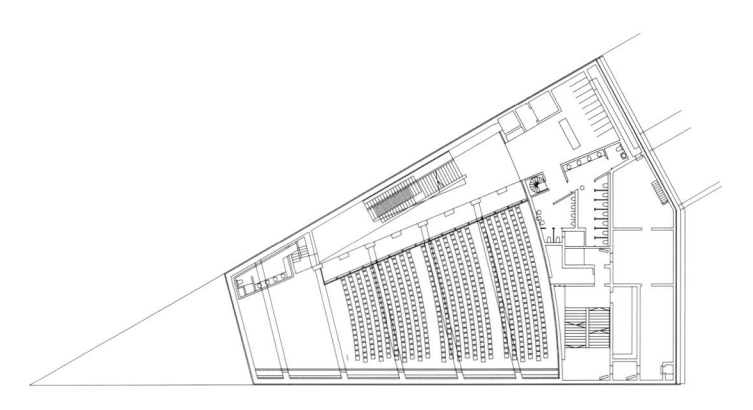

Kulturbauten **Restaurant Dreiländereck**

Standort Westquaistrasse 75   **Bauaufgabe** Erweiterung der bestehenden Anlage um Ganzjahresrestaurant, zentrale Küche für die Basler Personenschifffahrt und Aussichtsterrasse   **Architekten** Larghi Architekten und Planer, Basel   **Projektdaten** Wettbewerb 1990 (LZB Architekten, Basel) Ausführung: 1994–95 (Mitarbeit Entwurf: Lukas Dietschy)   **Gesamtinvestition** 7,2 Mio. CHF

Schiff ahoi!

Der Sporn der schmalen Halbinsel zwischen dem Kleinhüninger Hafenbecken I und dem Rhein ist der prominenteste Ort der Stadt: Hier, am «Dreiländereck», markiert ein Pylon die Grenze zwischen der Schweiz, Frankreich und Deutschland. Die Grenze liegt in Wirklichkeit zwar weiter nördlich mitten im Fluss. Doch dieser Aussichtspunkt macht die spezifische Situation Basels unmittelbar fassbar: Jedes Schulkind lernt, dass dort die Schweiz nicht nur an zwei andere Staaten grenzt, sondern von hier aus auch auf dem Wasserweg direkt mit den Weltmeeren verbunden ist.

Seit den 50-er Jahren legen an der unmittelbar benachbarten Hafenmole auch die Passagierschiffe an. Hier befindet sich der Zoll und hier wurde von einem Küchenschiff aus auch für die Verpflegung an Bord gesorgt. Das Schiff allerdings war dafür wenig zweckmässig und auch der Ort selbst wurde seiner Prominenz längst nicht mehr gerecht und benötigte dringend eine Auffrischung. Ein Neubau fasst nun das umfangreiche Raumprogramm in einem mehrteiligen Baukörper zusammen, der an ein bestehendes Lagerhaus anschliesst und sich dann zum prominenten Aussichtspunkt hin weit öffnet.

Die Produktionsküche für die Personenschifffahrt ist neu in einem Sockel der Landzunge untergebracht und tritt somit nicht als eigentliches Gebäude in Erscheinung. Über ihr liegt die zum Pylon hin spitz zulaufende Aussichtsterrasse. Der Restaurantflügel ist quer dazu gestellt. Er überspannt wie eine Kommandobrücke die gesamte Anlage bis zur Zollstation und der Anlegestelle für die Schiffe und

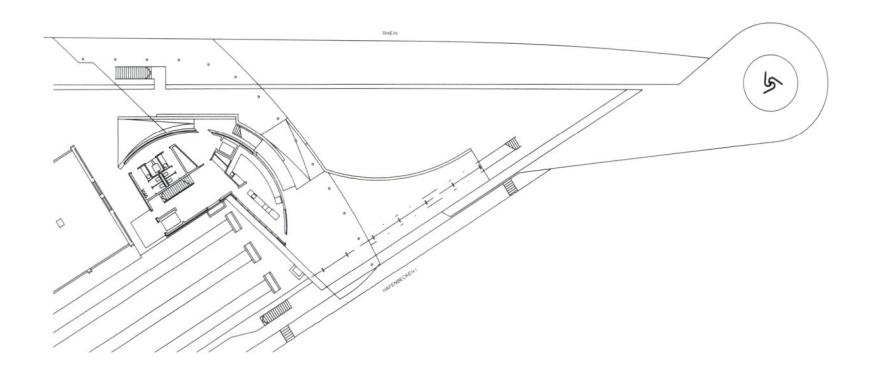

150

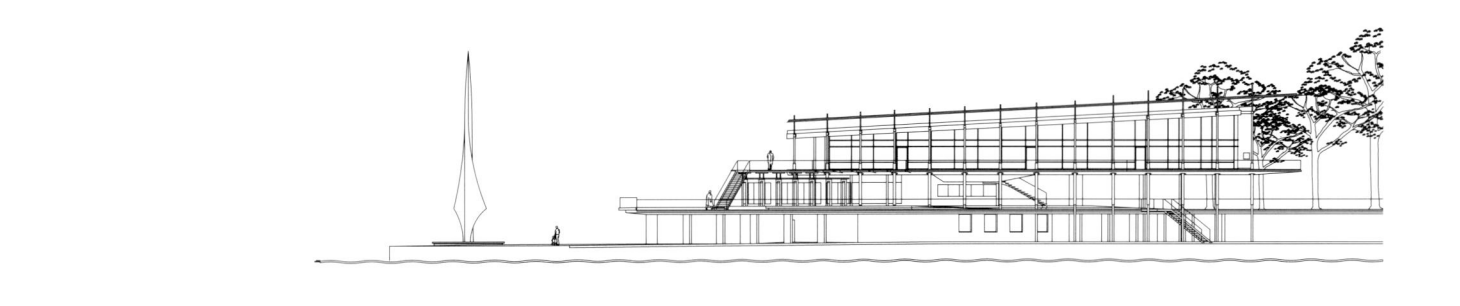

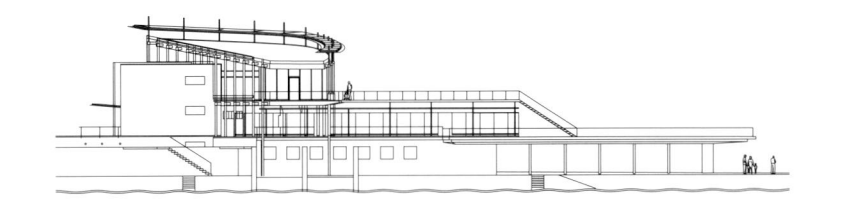

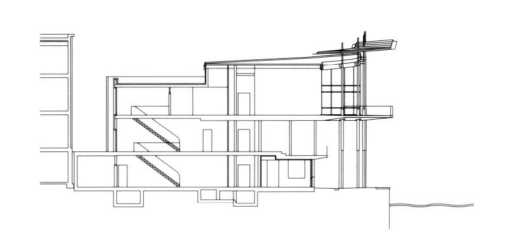

integriert damit auch diese Bereiche in den Gesamtkomplex. Vor dem Lagergebäude durchstösst ein massiver, aussteifender Betonzylinder die drei so unterschiedlichen Horizontalschichten. Er nimmt nicht nur die dienenden Räume für die Terrasse und das Restaurant auf, sondern gibt der darüber schwebenden, luftig-transparenten Konstruktion aus Glas und Stahl den nötigen Halt.

Der Restaurantflügel unterstreicht mit seiner Querstellung die Besonderheit des Ortes: Mit seinen schlanken Stützen über dem Zugangsbereich an der Westquaistrasse und dem darüber in elegantem Bogen weit ausschwingenden Flugdach macht er schon von weitem auf sich aufmerksam. Diese Inszenierung erhöht die Spannung und verstärkt den Überraschungseffekt der dahinter folgenden, unerwarteten räumlichen Öffnung. Sein Inneres öffnet sich über die verglasten Fassaden zum Blick in alle Himmelsrichtungen: Im Rücken die Schweiz, am rechten Ufer die Hafenbauten von Basel und dem deutschen Friedlingen, linker Hand die Silhouette der französischen Industrieanlagen und kleinteiligen Volumen des elsässischen Huningue und unten das Wasser; einer imaginären Schiffsreise in die weite Welt steht nichts mehr im Wege.

Kulturbauten **Musikmuseum**

Standort Im Lohnhof 9   **Bauaufgabe** Umnutzung eines ehemaligen Gefängnistrakts in einem historischen Ensemble   **Architekten** Morger & Degelo, Basel
Projektdaten Wettbewerb 1996, Ausführung 1997–2000   **Gesamtinvestition** 8 Mio. CHF

Ein Kammerkonzert aus Zeit und Raum

Basel hat nicht nur im Münsterplatz – gemäss einer Anzeige aus den 80-er Jahren – «Europas schönsten Parkplatz», sondern hatte im «Lohnhof» wohl lange Zeit auch das malerischste Gefängnis an bester Zentrumslage: Auf dem Sporn hoch über dem Barfüsserplatz, am Ort, wo einst die sagenumwobene Burg Wildeck gestanden haben soll und wo 1135 die Augustiner-Chorherren das Stift St. Leonhard errichteten, wurde 1835 die Strafanstalt in die mittelalterliche Befestigungsanlage des ersten inneren Mauerrings eingefügt.

Mit der Säkularisation ging die Anlage in Stadtbesitz über. 1669–1789 war hier der Sitz des «Lohnamtes» («städtisches Bauamt»). 1821 zog die Polizei ein, und 14 Jahre später musste der Kreuzgang des Klosterkomplexes einem ersten Gefängnisbau weichen, der 1897 um einen Querriegel erweitert wurde. Über 100 Jahre lang war dieser geschichtsträchtige Ort inmitten der Altstadt für die Mehrheit der Bevölkerung tabu – bis das Untersuchungsgefängnis 1995 in einen Neubau umzog und der dichte, um drei Höfe gruppierte Komplex für andere Nutzungen frei wurde.

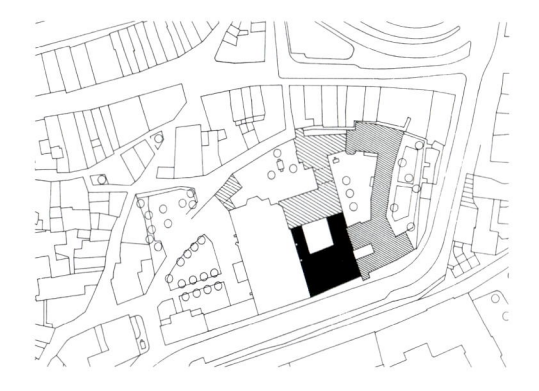

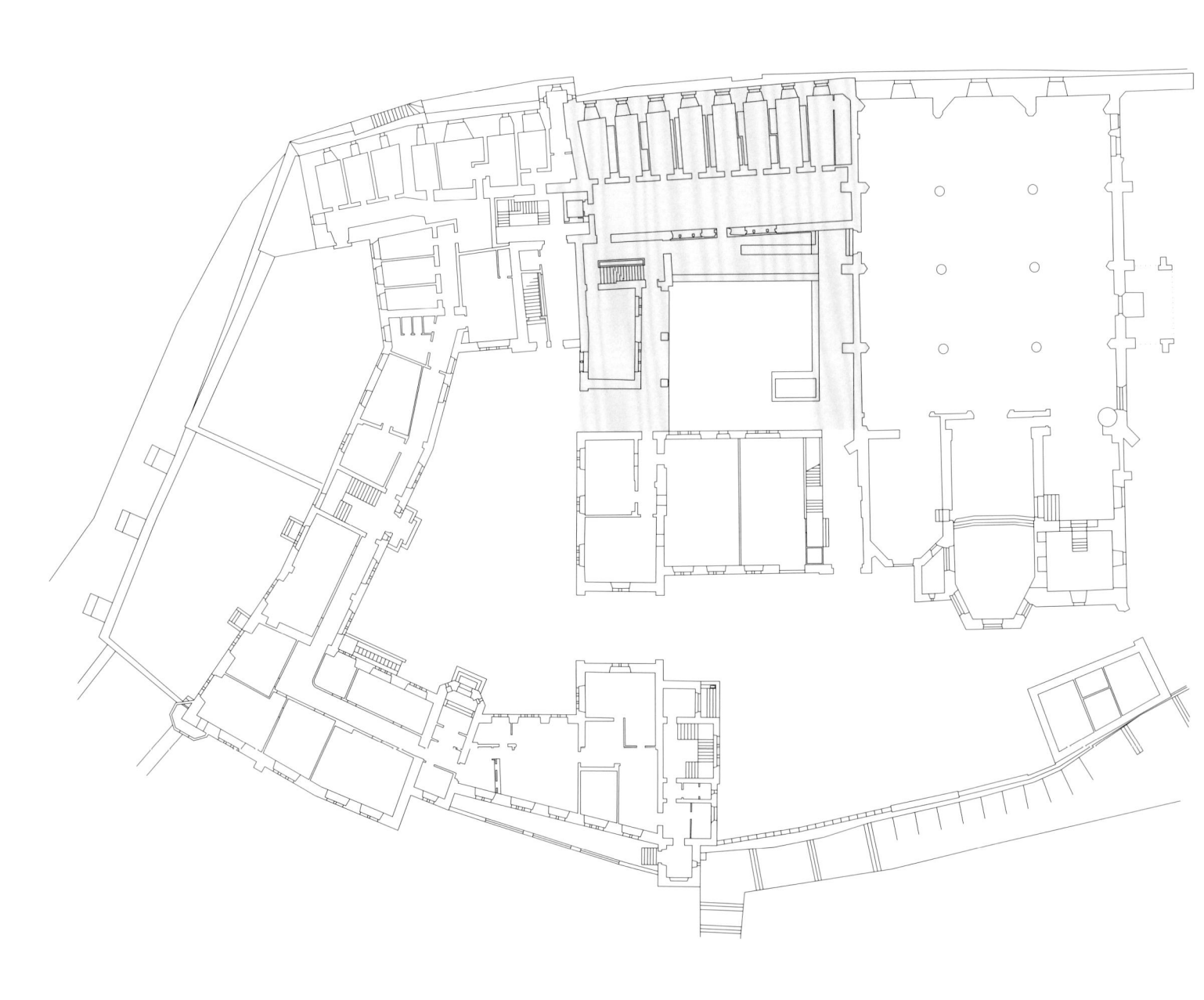

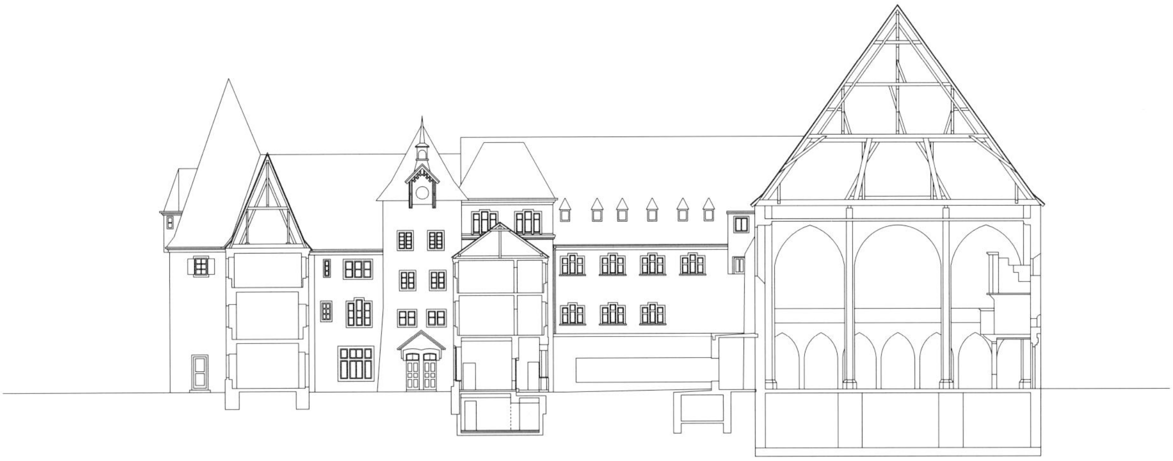

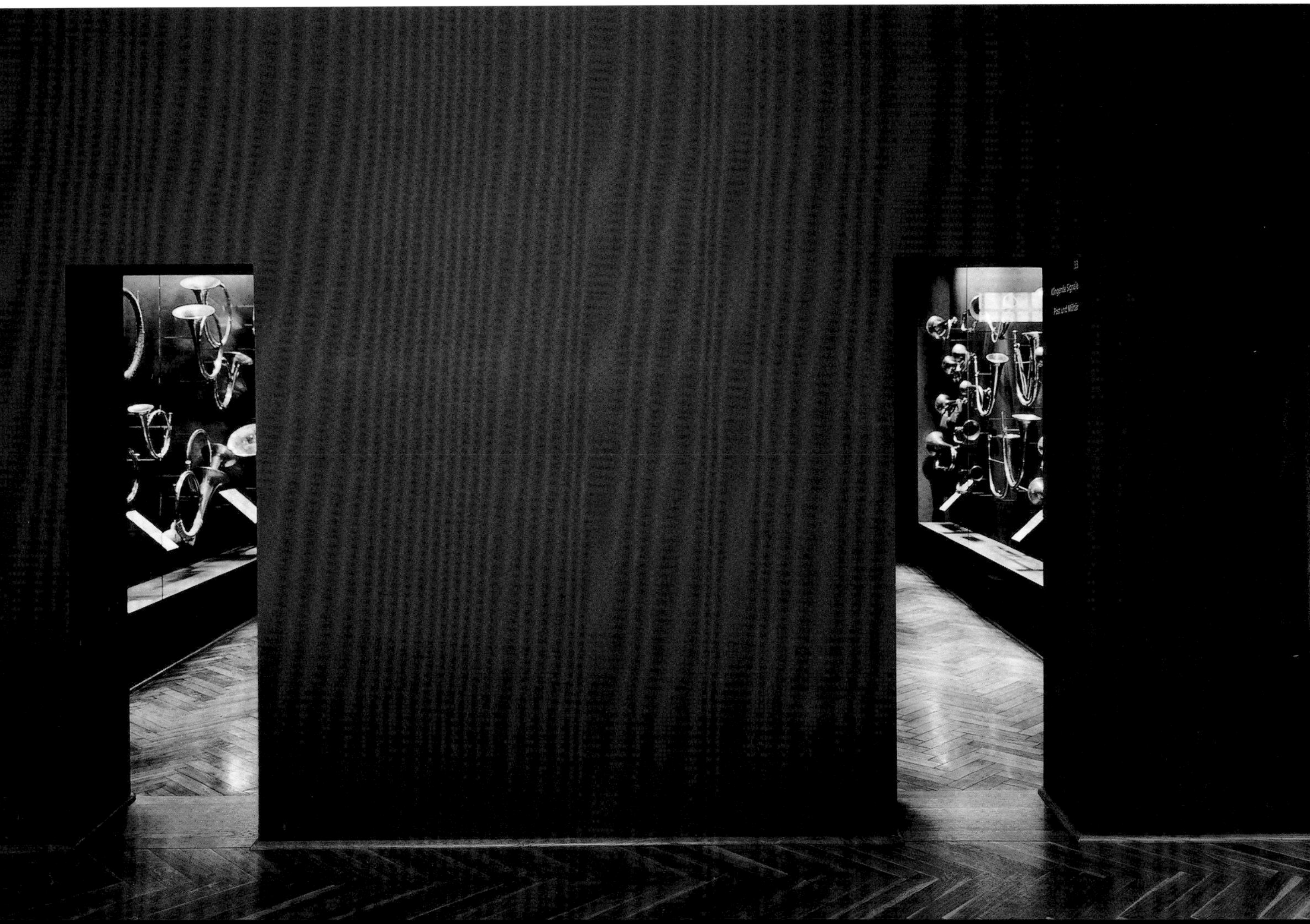

156

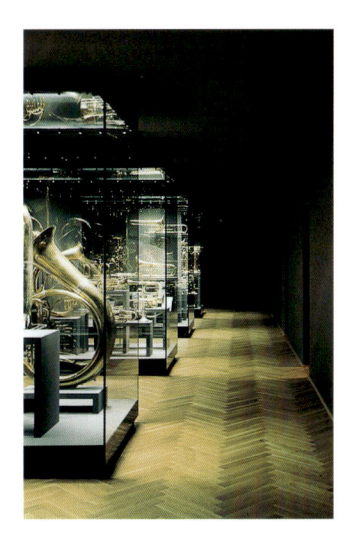

Das dafür gewählte Konzept der Mischnutzung entspricht der kleinteiligen Altstadtstruktur und folgt in der Zuordnung der nach unterschiedlichen Öffentlichkeitsgraden abgestuften Hoffolge: Um den Eingangshof gruppieren sich mit Freizeiteinrichtungen und einem Hotel mit Restaurant im Querriegel die öffentlicheren Nutzungen. Im Bereich um den daran anschliessenden rückwärtigen Hof wird heute gewohnt und im Keller Theater gespielt. Im Sockel des zum Befestigungsring orientierten Gefängnisbaus hat sich am Kohlenberg ein Jazzclub eingenistet. Der dreigeschossige Zellentrakt darüber ist vom innersten Hof erschlossen und zeigt im neuen Musikmuseum nun erstmals die umfangreiche Musikinstrumentensammlung des historischen Museums, die mit über 2000 Instrumenten die grösste und bedeutendste Sammlung dieser Art in der Schweiz ist.

Mit seiner abstrakten Sprache führt der Umbau in die Vielfalt des Bestehenden ein weiteres, zeitgenössisches Element ein und legt damit zugleich die älteste Nutzung wieder frei: Über die sorgfältig inszenierte periphere Wegführung – an der Kirchenmauer entlang in das verglaste, vor die Fassade des Gefängnisbaus gelegte Foyer – wird der mittelalterliche Kreuzgang wieder erlebbar. Der Zugang ist mit einer Konstruktion überdacht, die als breites Band den Hof fasst und diesen mit Holzplanken und einem kleinen Wasserbecken karg möblierten Ort in eine Insel klösterlicher Ruhe verwandelt.

So eingestimmt wird man Schritt um Schritt tiefer in das Gebäude geführt. Schmale Durchgänge führen vom hellen Erschliessungsbereich in dunkle Ausstellungszonen, noch engere Öffnungen in die immer noch vergitterten, aber nun zu Kabinetten umfunktionierten und mit Glasvitrinen ausgekleideten Zellen. Schicht um Schicht schieben sich die Zeiträume übereinander: Die Ausstellungsordnung entspricht der Gefängnistypologie. Im neuen Treppenhaus stösst man auf wieder freigelegte Nischen des mittelalterlichen Klosters. Und tief innen schliesslich glitzern in den Kammern die nur über Spots angestrahlten Ausstellungsobjekte wie der Nibelungenschatz in Alberichs Höhle.

BAU & KUNST

Kunst in Staatsbauten: eine Chance für die Kunst?
Hedy Graber

Dreirosen-Schulhaus
Renée Levi

Seminargebäude Engelhof
Guido Nussbaum

Klinikum 1 Ost
Christian Vogt

Reflektionen zur Historie des Platzes Heuwaage
Hannes und Petruschka Vogel

Sportanlage Rankhof
Armin Hofmann

Wasgenring-Schulhaus
Renate Buser

Alters- und Pflegeheim Marienhaus
Jürg Stäuble und Studierende

Anatomisches Institut
Werner von Mutzenbecher

Erweiterungsbau des Burgschulhauses Riehen, Schulhaus zu den drei Linden
Michele Cordasco

Staatsarchiv
Rémy Zaugg

Erweiterungsbau des Kohlenberg-Schulhauses / Leonhard-Schulhauses
Alexander Birchler und Teresa Hubbard

Pharmazentrum
Karl Gerstner

Volta-Schulhaus

Berufsfeuerwehr an der Kornhausgasse

Renée Levi. Dreirosen-Schulhaus. Vorhanggestaltung bringt Farbe und Textur in die Architektur.

KUNST IN STAATSBAUTEN: EINE CHANCE FÜR DIE KUNST?

Hedy Graber
Beauftragte für Kulturprojekte

Kunst in Basels Staatsbauten: ein Thema, mit dem sich nicht nur die Bauherrschaft und die Architekten, die Nutzerinnen und Nutzer der Gebäude, sondern vor allem die Kunstkreditkommission Basel-Stadt regelmässig auseinandersetzt. Zuerst die Fakten: Im Budget für die Baukosten ist kein fixer Prozentsatz für Kunst eingestellt; die Bestandesaufnahme zeigt jedoch, dass Kunst in zwei Dritteln aller in den letzten 10 Jahren realisierter Gebäude «vorhanden» ist.

Zum einen ist es bedauerlich, dass im Zuge von Sparmassnahmen ein ehemals fester Prozentsatz für Kunst aus den Baubudgets verschwunden ist. Die Hoffnung besteht jedoch, dass in Zukunft bei allen Bauvorhaben Kunst als integraler Bestandteil auch in finanzieller Hinsicht von Anfang an mitgedacht wird. Ein fester Prozentsatz für Kunst in neuen Staatsbauten bedeutet eine nachhaltige und konsequente Förderung bildender Kunst im Zusammenhang mit Architektur.

Zum andern bringt der Einbezug bildender Kunst in Staatsbauten der letzten 10 Jahre komplexe Fragen mit sich: nämlich nach dem Wann, Wo, Wie und Warum einer künstlerischen Intervention, die im nachfolgenden Text nicht in extenso diskutiert und keineswegs definitiv beantwortet werden sollen (was heisst, die durchaus spannende Debatte über Kunst und Architektur äusserst oberflächlich zu führen).

Die Rolle der Kunst in der Architektur weist eine Spannbreite auf von der Dekoration bis hin zur Integration ins architektonische Konzept. Ersteres, so zeigen es jedenfalls die Staatsbauten der letzten 10 Jahre, tendiert zum Verschwinden, Letzteres ist noch nicht selbstverständlich.

Eine Frage, die ebenfalls gestellt werden soll, gilt den Bedingungen, die Kunst im Zusammenhang mit Architektur braucht, um überhaupt entstehen zu können. Basel hat sich in den letzten 10 Jahren einen Namen als Stadt mit herausragenden Beispielen zeitgenössischer Architektur geschaffen. Wie steht es mit der Kunst in dieser Architektur und wie entsteht sie?

Kunst, die wir in den Staatsbauten der letzten 10 Jahre vorfinden, ist zu einem Teil in Zusammenarbeit mit dem Kunstkredit Basel-Stadt entstanden, zum anderen direkt von der Bauherrschaft in Auftrag gegeben worden. Regelmässig veranstaltete der Kunstkredit Wettbewerbe, zu denen Künstlerinnen und Künstler der Region eingeladen wurden.

Die Bedingungen dieser Ausschreibungen waren je nach Objekt sehr unterschiedlich: Manchmal war das Gebäude bereits im Bau, der Perimeter für den künstlerischen Beitrag fest vorgegeben, in selteneren Fällen waren die Architekten erst in der Planungsphase und der Raum für die Kunst noch offen und von den Kunstschaffenden selbst zu bestimmen. Nicht nur die planerischen und finanziellen Bedingungen waren unterschiedlich, sondern ebenfalls die Ansprüche der Architekten und der Nutzer.

Die Frage, ob man denn Kunst in einem geplanten Gebäude wolle, war oft schnell mit Ja beantwortet. Sobald die Frage nach der Art der künstlerischen Intervention gestellt wurde, lagen die Meinungen der verschiedenen Beteiligten oft weit auseinander und dies mit gutem Grund: Sowohl den Bedürfnissen der Bauherrschaft wie auch denjenigen der Architekten und der Nutzer sollte mit der Kunst Genüge getan werden.

Es ist nicht die Absicht dieses Textes, alle künstlerischen Arbeiten, die in den letzten 10 Jahren im Zusammenhang mit Staatsbauten entstanden sind, zu beschreiben. Vielmehr sollen die folgenden Beispiele veranschaulichen, dass jeder Bau eine Herausforderung für die Kunstschaffenden bedeuten kann.

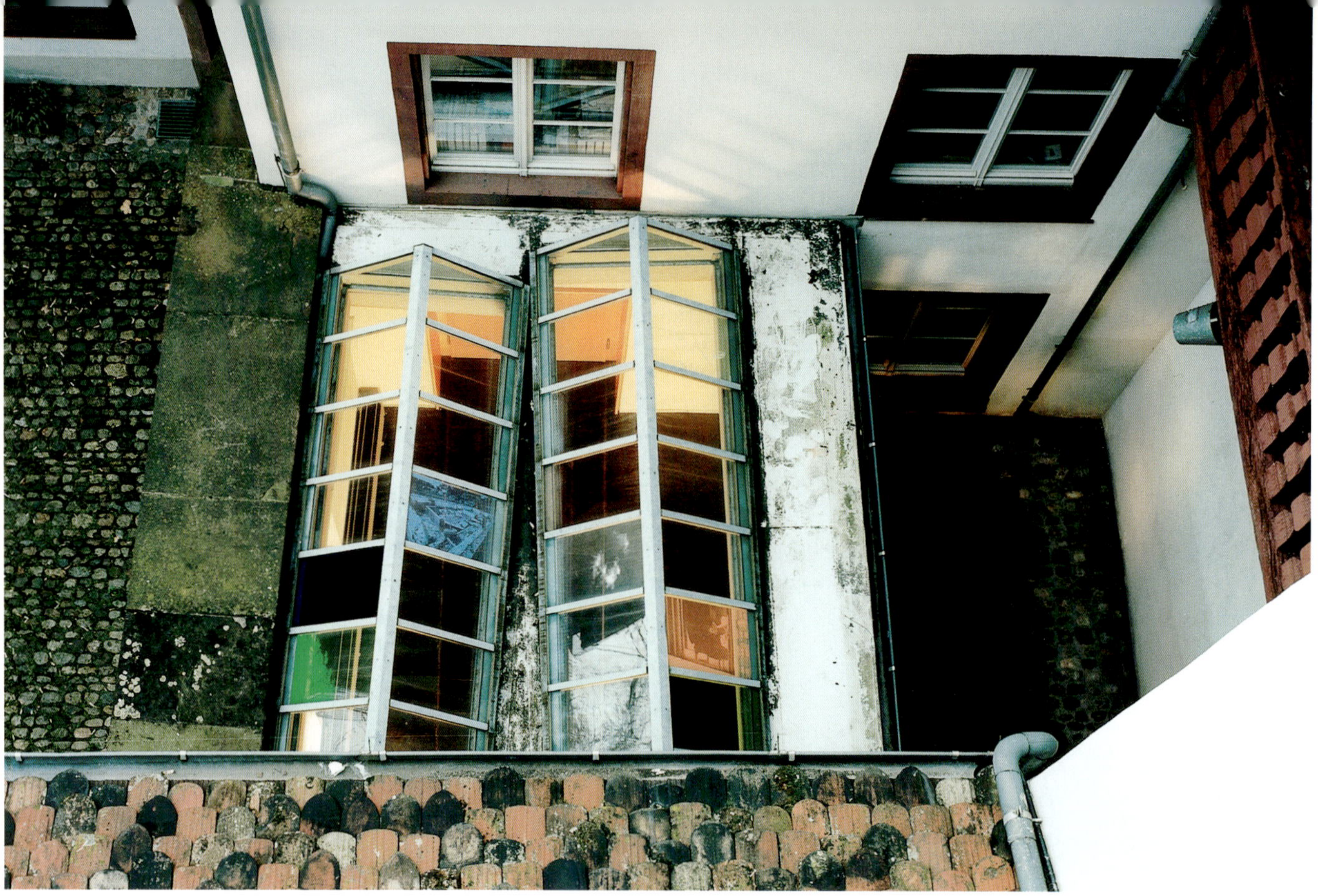

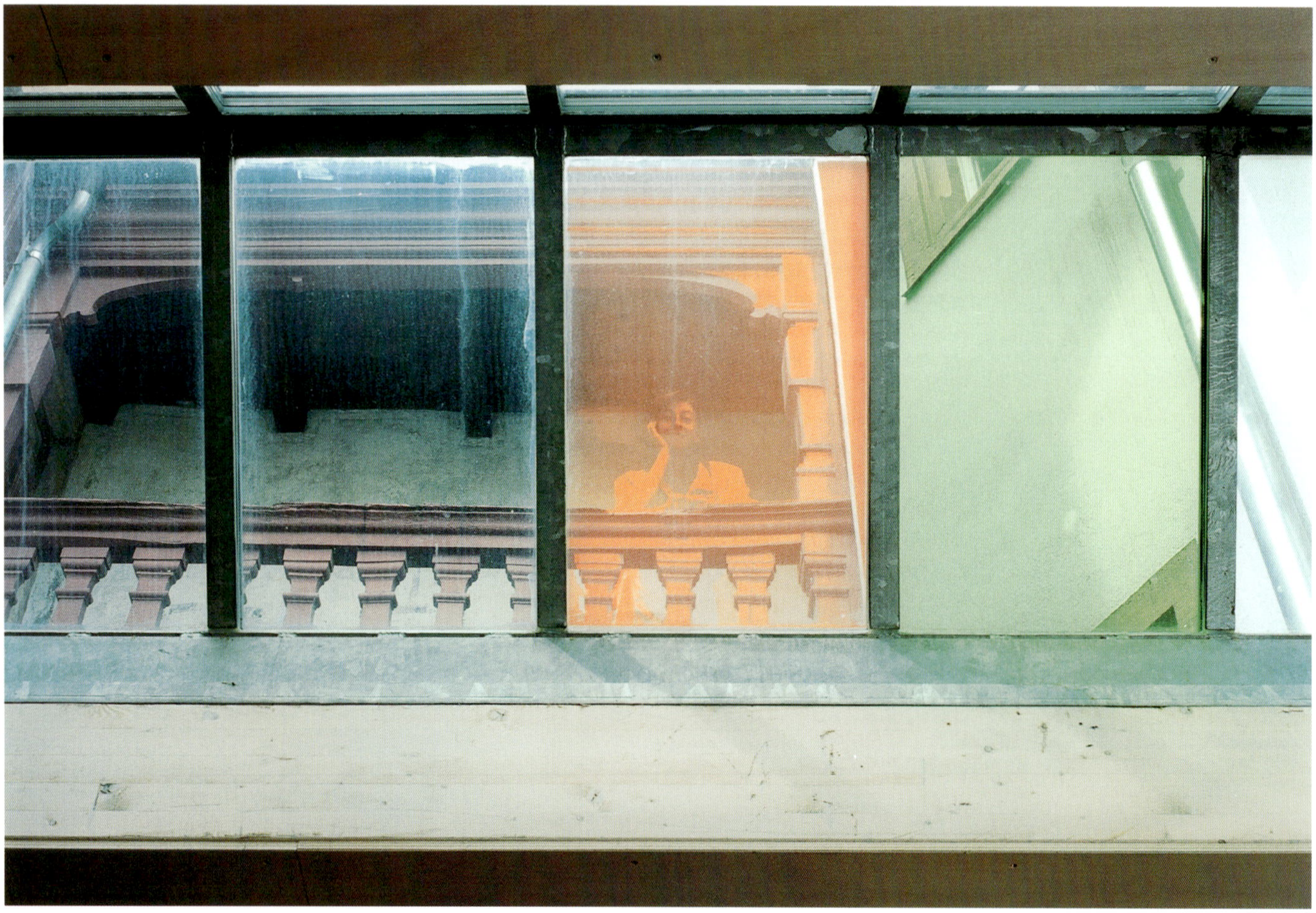

Guido Nussbaum. Seminargebäude Engelhof. Kunst erreicht hier eine gewisse, gewollte Unauffälligkeit. Flächen des treibhausähnlichen Glasdaches werden zu Bildträgern. Die mehrteilige, aus verschiedenen Teilen bestehende künstlerische Intervention besticht durch ihre Vielfalt und auch dadurch, dass die Benutzerinnen und Benutzer Bestandteil des künstlerischen Konzeptes sind.

Christian Vogt. Klinikum 1 Ost. Die Fotoarbeiten erlauben meditative Ein- und Ausblicke, lassen eine konzentrierte Ruhe entstehen, die sich vom Alltag im Spital absetzt. Formal und ästhetisch ergänzen sich die gewählten Sujets aus der Natur, die Betrachter werden in weite Welten entführt.

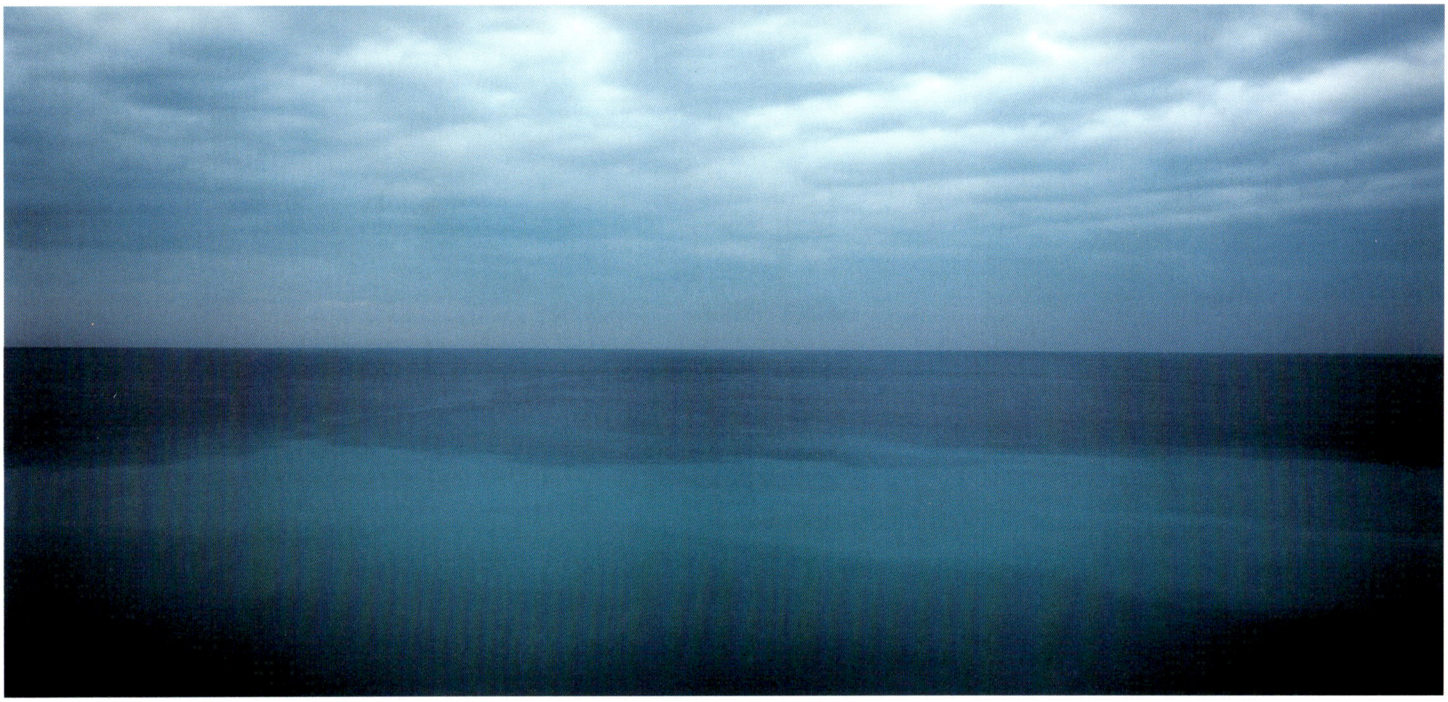

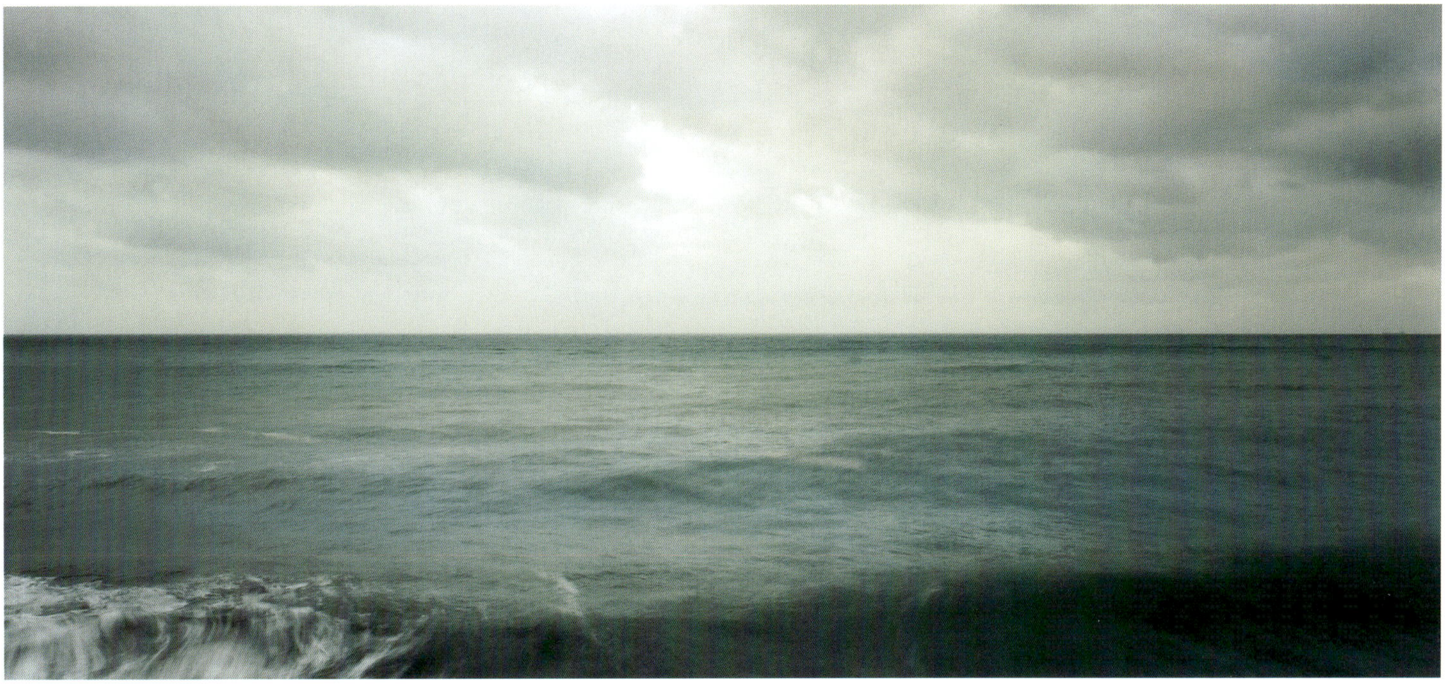

Hannes und Petruschka Vogel. Reflektionen zur Historie des Platzes Heuwaage.

Kunst im Waaghof

Der Neubau der Staatsanwaltschaft und des Untersuchungsgefängnisses an der Heuwaage wurde mit einem künstlerischen Gesamtkonzept versehen, das für dieses in sich geschlossene Gebäude von nachhaltiger künstlerischer Qualität ist. Das Künstlerpaar Hannes und Petruschka Vogel zogen zu diesem Gesamtkonzept acht Künstlerinnen und Künstler bei. Es integriert bestehende Arbeiten (Carlo Aloe, Werner von Mutzenbecher) und eigens für die räumlichen Gegebenheiten geschaffene Arbeiten (Hannes und Petruschka Vogel, Barbara Maria Meyer, Karim Noureldin, Vivian Suter, Selma Weber). Im Zuge dieses Konzeptes beteiligte sich der Kunstkredit Basel-Stadt 1994 an der Ausschreibung für die künstlerische Gestaltung der Aufenthaltszonen in vier Geschossen der Staatsanwaltschaft und lud dazu 11 Künstlerinnen und Künstler ein. Anlässlich der Jurierung wurde für jedes der vier Geschosse eine andere Arbeit ausgewählt und zur Ausführung empfohlen. Die Auswahl und Platzierung der Arbeiten erfolgte unter Berücksichtigung der unterschiedlichen Lichtverhältnisse in den vier Stockwerken und in Absprache mit den Benützern.

Barbara Maria Meyer schlug zwei Felder von je neun Bildtafeln vor. Das eine Feld zeigt auf einheitlich grünem Grund Formen von Wiesenblumen, das andere die Farbpalette der Blumen. Die Zusammengehörigkeit der unterschiedlichen Felder wird dadurch gewährleistet, dass der Bildträger Holz sichtbar bleibt.

Karim Noureldin arbeitete mit einer Wandzeichnung, einem feinen Liniengeflecht, das aus der Distanz als emblemhafter Schattenriss in Erscheinung tritt. Die Arbeit nimmt nur die halbe Wand in Anspruch und ist gegen das Fenster hin orientiert; dadurch entsteht der Eindruck einer möglichen Bewegung, die sich über den Innenraum hinwegsetzt.

Vivian Suter setzt drei grossformatige Tafelbilder auf einen farbigen Hintergrund, den sie um die Raumecke zieht. Das leuchtende Gelb der Wand spielt in den Bildern mit; dadurch entsteht die Wirkung von Transparenz.

Selma Weber verwendet als Ausgangsmaterial ein handelsübliches Drehtaschensystem. Die beweglichen Taschen, als langes Band montiert, bewirken mit den verschiedenfarbigen Einfassungen eine spielerische Leichtigkeit, die zwischen Schmuck, Sinnlosigkeit und Funktion schwankt. Durch ca. 300 000 goldfarbene Nieten werden die Taschen als Aktenträger unbrauchbar, dafür entsteht ein vielfältiges Lichtspiel.[1]

1 Siehe auch: Tadeus Pfeifer, Kunst im Waaghof,
Hrsg. Baudepartement Basel-Stadt, Hochbauamt, 1995

Armin Hofmann. Sportanlage Rankhof. Normale Plakatierungsflächen sind in das Gestaltungskonzept miteinbezogen, Kunst begegnet dem Alltag. Die Ästhetik der Grafik, Buchstaben und Farbflächen treten mit alltäglicher Werbung in einen formal und inhaltlich spannenden Dialog.

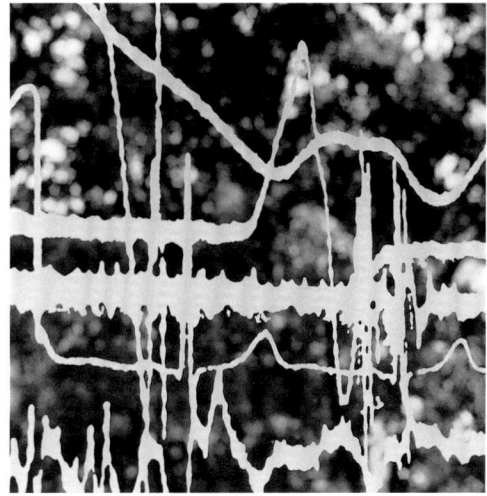

Renate Buser. Wasgenring-Schulhaus. Eine monumentale Zeichnung bespielt die Fassade über zwei Stockwerke: Schwingungen lesen sich wie eine musikalische Partitur und bringen die Glasfront zum Vibrieren.

170

Jürg Stäuble und Studierende. Alters- und Pflegeheim Marienhaus.

Der Wettbewerb für künstlerische Interventionen im Marienhaus wurde von der GGG (Gesellschaft für das Gute und Gemeinnützige, Basel) im Jahre 1996 angeregt, die in Zusammenarbeit mit der Stiftung SKB 1809 (vormals Sparkasse Basel) auch die Finanzierung der einzelnen Projekte ermöglichte.

Im Gegensatz zu anderen Wettbewerben, zu denen Künstlerinnen und Künstler eingeladen werden, die ihre Ausbildung bereits abgeschlossen haben, wurden im vorliegenden Fall die Studierenden der Textilfachklasse und der Fachklasse für freies räumliches Gestalten/Bildhauerklasse der Schule für Gestaltung Basel eingeladen. Die Einladung zu diesem Wettbewerb bot für die Studierenden eine einmalige Chance, sich bereits während ihrer Ausbildung mit den Fragestellungen im Zusammenhang mit Kunst, Architektur, städtebaulicher Situation und soziokulturellem Umfeld auseinander zu setzen.
21 Projekte wurden von den Studierenden eingereicht und sechs davon zur Ausführung empfohlen. Es sind dies Arbeiten von Edit Oderbolz, Martin Hauser, Annuschka Egerszegi und den Teams Shulagh Eastmead/Daniel Eschel/Martina Joos, Marcel Bitter/Martin Heldstab, Judith Spiess/Franziska Wüsten. Die künstlerischen Interventionen befinden sich an verschiedenen Orten des Marienhauses. Die zu gestaltenden Perimeter wurden von den Studierenden selber gewählt und führen zu künstlerischen Interventionen, die manchmal überraschend bunt, dann wieder leise und diskret den Raum bespielen.[2]

2 Siehe auch: Künstlerische Interventionen im Alters- und Pflegeheim Marienhaus, Schule für Gestaltung Basel, o.D.

Werner von Mutzenbecher. Anatomisches Institut. Linien schaffen Volumen auf rohem Beton: Es entstehen visuelle Hohlkörper, die ein spannendes Ungleichgewicht zu den architektonischen Volumen bilden.

Michele Cordasco. Erweiterungsbau des
Burgschulhauses Riehen

Im Programm des Kunstkredits 1995 wurde im allgemeinen, anonymen Wettbewerb die Aufgabe gestellt, ein Gesamtkonzept für die künstlerische Gestaltung der Wandpartien im Erdgeschoss, 1. und 2. Obergeschoss des Erweiterungsbaus für die Orientierungsschule zu schaffen. Von den 39 eingereichten Entwürfen gelangte derjenige von Michele Cordasco, «Schiefertafeln», zur Ausführung.

An den zur Verfügung stehenden Wänden, über die drei Stockwerke verteilt, werden pro Stockwerk drei quadratische Schiefertafeln angebracht. Die Tafeln bieten eine Möglichkeit zur Interaktion durch die Benützer des Schulhauses. Der Aspekt der Interaktivität war, so ist es dem Jurybericht der Kunstkreditkommission 1995 zu entnehmen, ausschlaggebend für die Empfehlung des Vorschlages zur Ausführung.

Michele Cordasco. Schulhaus zu den drei Linden. Kunst am Bau ist hier im wahrsten Sinne des Wortes in den Bau integriert. Die Blindlöcher im Beton wurden mit einem Glasstab gefüllt. Nachts lassen die Glasprismen das Licht von innen nach aussen, tagsüber von aussen nach innen scheinen.

Rémy Zaugg. Staatsarchiv. Bodenplatten, beschriftet mit Wörtern, die den vielfältigen Bezug zur Natur, Architektur und zur Zivilisation herstellen, begleiten und untermauern die Schritte der Besucher des Staatsarchivs und bespielen den Raum zwischen Eingang und Hof des Gebäudes.

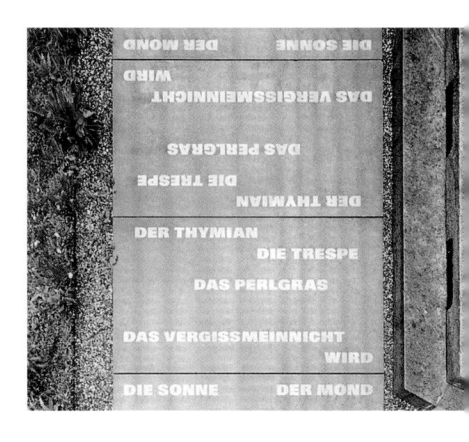

hundsmiserabler Tag

Alexander Birchler und Teresa Hubbard.
Erweiterungsbau des Kohlenberg-Schulhauses/
Leonhard-Schulhauses

Das Künstlerpaar gewann den Wettbewerb für die künstlerische Intervention anlässlich der Schulhauserweiterung des Kohlenberggymnasiums. Ihre Arbeit «Im Augenblick» beinhaltet drei Objekte zur Wahrnehmung der Zeit. Eine in den Boden eingelassene Stoppuhr (ein Augenblick) misst mittels eines in der Decke installierten Ultraschallnäherungssensors die Anwesenheit einer oder mehrerer Personen in einem Radius von 3 m. Eine Leuchtlaufschrift (ein Tag/24 Stunden) ist ebenfalls in den Boden eingelassen. Sie durchquert die Halle ganz langsam während 24 Stunden von der Strassen- zur Hofseite. Das Schriftband zeigt jeden Tag einen anderen Text. Ein 200-seitiges Buch (ein Jahrhundert) ist auf jeder Doppelseite rechts mit einer Jahreszahl versehen, beginnend mit der Eröffnung des Neubaus (1997), endend nach 100 Jahren. Jedes Jahr wird eine Seite umgeblättert. Die Arbeit beschäftigt sich mit der Wahrnehmung der Zeit. Die Entwicklung und das Formen eines individuellen Zeitbegriffs nimmt eine zentrale und wesentliche Stellung innerhalb der Institution Schule ein. Die künstlerische Intervention von Alexander Birchler und Teresa Hubbard greift den Gedanken zu einer inneren (subjektiven) und äusseren (objektiven, institutionalisierten) Wahrnehmung der Zeit auf und beschreibt den verschiedenen «Lauf der Zeit» mit drei Objekten, die eben diesen beschreiben, die Dauer eines Augenblicks, eines Tages, eines Jahrhunderts.

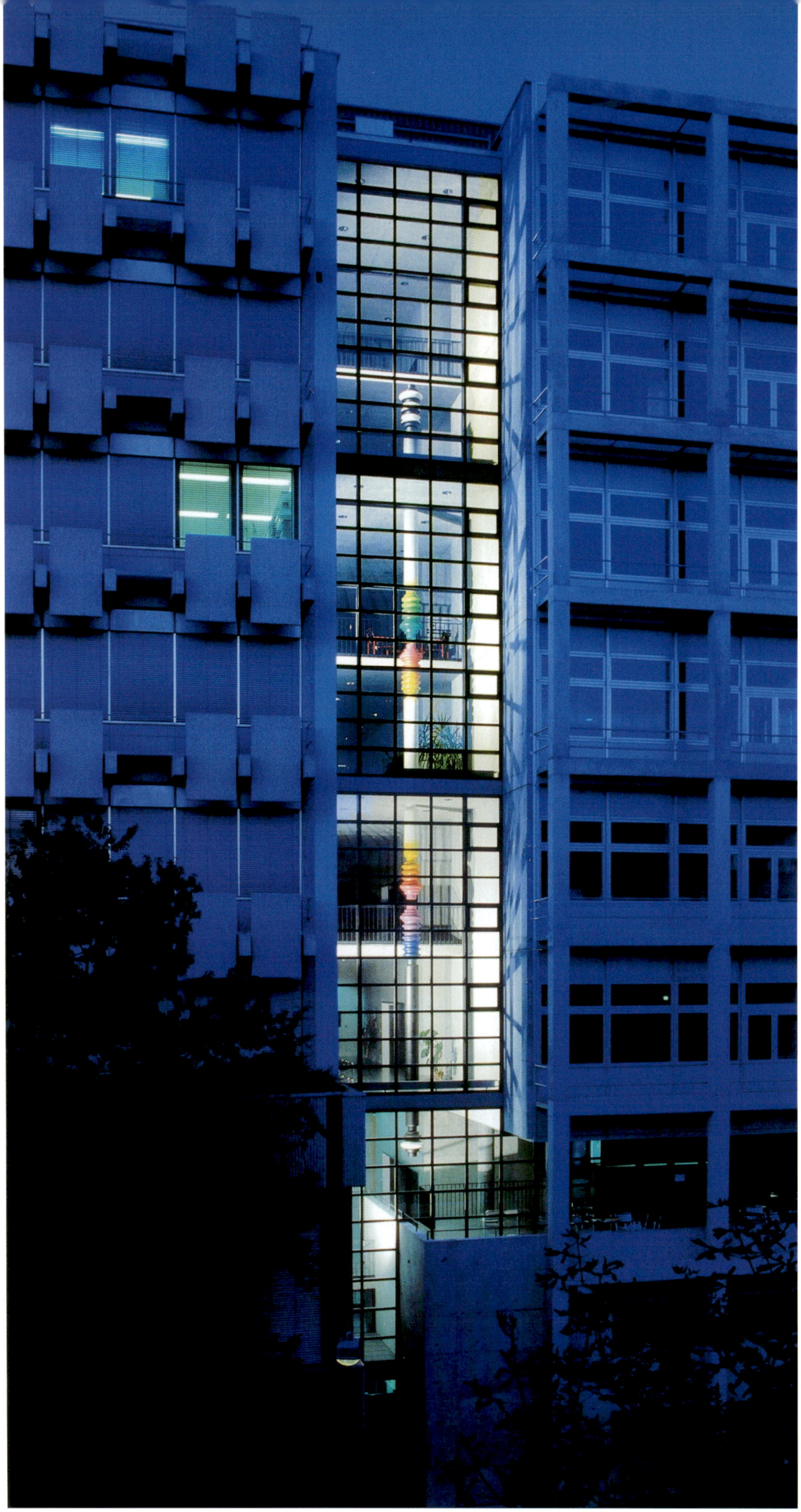

Karl Gerstner. Stalagmiten/Stalaktiten-Pylon im Pharmazentrum.
Kunst scheint hier durch das Gebäude zu wachsen:
Die Arbeit durchdringt Stockwerk um Stockwerk und ist als Ganzes
ausschliesslich von aussen wahrnehmbar.

«Man suche nicht nach einem Symbol. Der Pylon bedeutet nichts. Er stellt nichts dar ausser sich selbst. Er will ein Stück Kunst sein und insofern ein Komplement zur Welt der Wissenschaft, die in diesem Haus betrieben wird.

Der Pylon steht in der schmalen Zone zwischen Pharma- und Biozentrum. Dort, wo der Architekt Andrea Roost einen Ort entspannter Atmosphäre für zwanglose Aufenthalte geschaffen hat.

Der Pylon durchzieht alle Stockwerke, wobei unklar bleibt, ob er sich von unten nach oben oder von oben nach unten ausbreitet. Oder von der Mitte her. Nehmen wir an, er beginnt als kurz geratener Stalaktit in der Cafeteria.

Also: Der Stalaktit in der Cafeteria durchstösst die Decke und wird auf dem Boden des zweiten Geschosses zum mächtigen Stalagmiten; 5,4 m.

Mit dem Wachstum in die Höhe mutiert das Schwarz zur dunkelsten Farbe, zu Blau und dann allmählich zu Purpur, zu Goethes Farbe der Farben. Er endet, so keine Steigerung mehr möglich ist, wo es nicht mehr purpurer geht.

Aber im Purpur hat sich – in Millionen Jahren – eine ungeheure Energie kumuliert, die sich nach einem kurzen Zwischen-Zeit-Raum wieder in einen Stalaktiten materialisiert.

Beide Purpur-Stalags berühren sich und berühren sich nicht. Die Mutation setzt sich nach oben fort. Nun aber nicht mehr ins Dunkle, sondern über die hellste Farbe, über Gelb ins Weiss.

Dieses schiesst durch die Decke zum vierten Geschoss, wo der Stalaktit spiegelsymmetrisch zum Stalagmit wird. Wieder ist bei Purpur der Kulminationspunkt erreicht. Dann passiert etwas, was nicht zu erwarten war: Die Energie des Purpurs materialisiert sich nicht als sich selbst, sondern als seine Gegenfarbe, als Grün.

Nun ist es am Grün, das heller werdend wieder über Gelb zu weiss wird. Worauf der Durchbruch zum sechsten und letzten Geschoss erfolgt. Wo der Pylon endet, wie er angefangen hat. Zwischen Weiss und Schwarz.»
Karl Gerstner

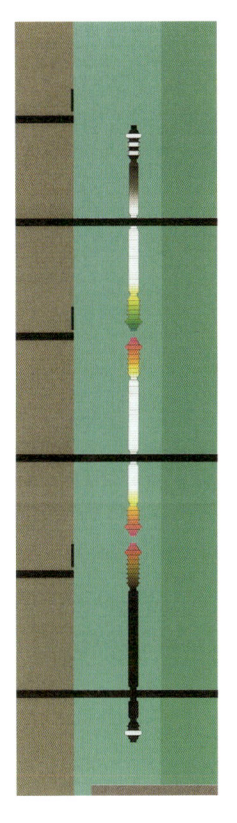

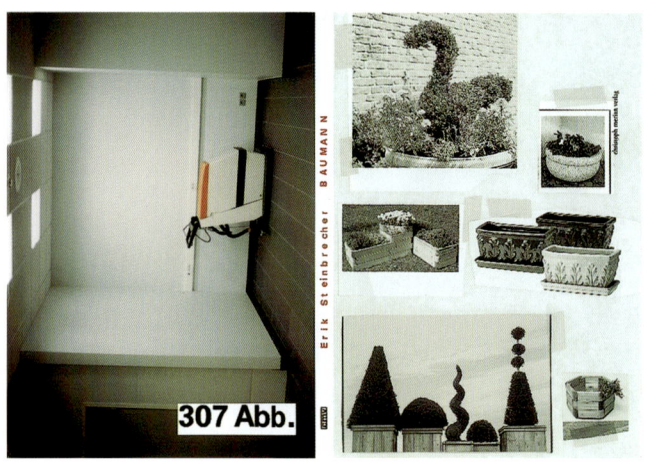

Buchumschlag «Erik Steinbrecher, Baumann», Christoph Merian Verlag

Volta-Schulhaus

Die wohl offenste und am wenigsten eingrenzende Ausschreibung lancierte der Kunstkredit Basel-Stadt 1997 im Zusammenhang mit dem Neubau des Volta-Schulhauses. Die Aufgabe lautete gemäss dem Kunstkreditprogramm 1997 «Umschreibung möglicher Ansatzpunkte für einen künstlerischen Beitrag und einer allfälligen Begleitung der Architekten in der Realisation des Bauvorhabens. Erarbeitung eines Grobkonzeptes für Kunst und Architektur.» Eingeladen waren fünf Künstlerinnen und Künstler, zur Ausführung empfohlen wurde der Vorschlag von Erik Steinbrecher.

Erik Steinbrecher traf nach Meinung der Jury die Ausschreibung mit einer souveränen und pointierten Präsentation des beabsichtigten Interventionsfeldes. Er definierte seine Absichten mit einer assoziativen Bildfolge, die vom gestalterischen Selbstverständnis des Künstlers und seiner Erfahrung im Umgang mit Raum und Architektur zeugt. Sie beschreibt den Ort, wie er als gebaute Architektur sein könnte, und legt mögliche Eingriffsstrategien dar. Der Kommission gefiel die Positionierung der künstlerischen Arbeit als «beratende, gestalterische Zusammenarbeit mit den Architekten». Die formulierte Absicht nimmt sich der Prämissen der Architektur des Schulhauses an und will sie mit der Überlagerung weiterer assoziativer Ebenen reflektieren. Darin enthalten sind der sensible Umgang mit der sinnlichen Wahrnehmung der Architektur und ihrer Materialien.[3]

Berufsfeuerwehr an der Kornhausgasse (ohne Abb.)

Die künstlerische Gestaltung des neuen Torfrontbereiches der Einstellhalle der Berufsfeuerwehr Basel-Stadt an der Kornhausgasse wurde im Programm des Kunstkredits Basel-Stadt 1998 als Wettbewerb auf Einladung ausgeschrieben. Anlässlich der Jurierung wurde die Arbeit von Guido Nussbaum zur Ausführung empfohlen.

Guido Nussbaums Projekt nimmt Bezug auf die Warnleuchten, die anzeigen, wenn die Tore geöffnet werden. Anstelle der realen Warnleuchten werden die Schatten von zwei imaginären Lampen in Form eines Stabes beziehungsweise einer Kugel auf die Decke des Ausfahrtsbereiches projiziert. In alternierender Folge werden die Schatten als Russspuren auf der auskragenden Fläche appliziert. Die Jury empfindet das Projekt als still, fein, geheimnisvoll, humorvoll und poetisch. Das Projekt stellt Anforderungen an die Wahrnehmung der Betrachter und ruft gleichzeitig die Aufgabe der Feuerwehr in Erinnerung.

3 Siehe auch: Erik Steinbrecher, Baumann, Christoph Merian Verlag, Basel, 2001

Chancen für die Kunst

Oben genannte Beispiele bezeugen die Vielfalt der künstlerischen Ansätze, die in den Staatsbauten der letzten 10 Jahre anzutreffen sind, und ermöglichen einen Einblick in das lokale Kunstschaffen. Für die beteiligten Künstlerinnen und Künstler ist es in ihrer Biografie oft der erste Auftrag im Zusammenhang mit Architektur, was wiederum zeigt, dass Kunst in Staatsbauten als Chance für die lokale Kunst angesehen und genutzt werden kann.

Zeitgenössische Architektur genügt sich selbst und braucht die Kunst nicht, wird ab und zu gesagt. Dass diese These widerlegbar und im Gegenteil das Zusammenspiel von Kunst und Architektur durch den Einbezug der Kunstschaffenden bereits in der Planungsphase sinnvoll ist, zeigen Beispiele in Basel auf anschauliche Weise: Morger & Degelo zusammen mit René Levi im Dreirosen-Schulhaus oder Diener & Diener zusammen mit Peter Suter im Vogesen-Schulhaus.

Die Frage nach den Bedingungen, die Kunst braucht, um zusammen mit einer Architektur existieren zu können, wird den Kunstkredit auch in den nächsten Jahren beschäftigen. Künstlerische Interventionen sollen auch in Zukunft in Basels Staatsbauten gefördert werden. Die Partnerschaft zwischen Kunstschaffenden und Architekten soll zu einem möglichst frühen Moment beginnen, idealerweise in der Planungsphase des Gebäudes; dem Prozesshaften künstlerischer Strategien würde so vermehrt Rechnung getragen. Dieses Vorgehen setzt allerdings eine gewisse Risikobereitschaft voraus, da das Resultat der künstlerischen Arbeit nicht von Anfang an klar definiert werden kann. Die Öffnung der vom Kunstkredit veranstalteten Wettbewerbe über das Lokale hinaus durch den Einbezug von auswärtigen Kunstschaffenden soll zur Diskussion gestellt werden. Schliesslich müssen, um die Kontinuität und die Qualität der künstlerischen Arbeiten zu garantieren, ebenfalls die finanziellen Ressourcen sichergestellt werden.

Die letzten 10 Jahre zeigen, dass es durchaus eine Chance für die zeitgenössische Kunst in Basels Staatsbauten gibt; und diese Chance, nämlich die Förderung des zeitgenössischen Kunstschaffens im Kontext staatlicher Architektur, soll auch in Zukunft intensiv genutzt werden.

AUSBLICK

Interview mit Barbara Schneider und Fritz Schumacher

Mehrfamilienhaus und Kindertagesheim am Riehenring 201. Die öffentliche Hand nimmt ihre Verantwortung wahr mit der Neubauplanung eines Mehrfamilienhauses mit Kindertagesheim in der Baulücke über dem Nordtangententunnel am Riehenring als Teil des Programms «5000 neue Wohnungen für Basel». Architekten Trinkler Engler Ferrara.

AUSBLICK

Ein Gespräch mit der Regierungsrätin und Vorsteherin des Baudepartements des Kantons Basel-Stadt Barbara Schneider und dem Kantonsbaumeister und Leiter des Kantonalen Hochbau- und Planungsamtes Fritz Schumacher. Das Interview führte Ulrike Zophoniasson.

Wohnstadt

Die zeitliche Abfolge der in diesem Buch vorgestellten kantonalen Bauten zeigt, dass die ersten Jahre dieser Dekade geprägt waren von grossen Wohnbauprojekten. Zur Mitte hin verlagert sich das Gewicht auf den Schulhausbau und das Gesundheitswesen, während sich die jüngsten Bauvorhaben eher im Bereich der Kultur bewegen. Für die nächsten 10 Jahre hat sich der Kanton unter anderem das Ziel gesetzt, 5000 neue Wohnungen zu schaffen. Lässt sich daraus schliessen, dass auch die neue Dekade wieder mit dem Schwerpunkt Wohnungsbau einsetzt?

Schumacher: Wohnungsbau wird in der Tat auch im neuen Jahrzehnt ein grosses Thema sein. Allerdings wird der Staat dabei eine andere Rolle als in der letzten Dekade übernehmen. Die geplanten Wohnbauprojekte nämlich werden sich mehrheitlich auf privater Investorenebene etablieren müssen. «Kantonale Architektur» wird folglich im kommenden Jahrzehnt eher in anderen Bereichen manifest, die in nächster Zukunft ebenfalls eine grosse Rolle spielen werden: im Bereich der Kultur, im Gesundheitswesen oder auch, gekoppelt mit dem Wohnungsbau, im Verwaltungsbau. Was mit Sicherheit ein weiterer bedeutender Schwerpunkt sein wird, ist die Pflege des Bestands, der angesichts des grossen Investitionsvolumens, das im vergangenen Jahrzehnt für Neubauten aufgebracht wurde, trotz der weiterhin knappen Finanzmittel des Staates ein absolutes Muss ist.

Noch einmal zurück zum Wohnungsbau: «Die Erstellung von Wohnbauten war während langer Zeit in Basel keine zentrale Aufgabe des Staates», heisst es in der Einleitung zum entsprechenden Kapitel. Heute hingegen betreibt der Staat aktive Wohnbaupolitik. Woher der Sinneswandel?

Schneider: Was nützen uns – überspitzt formuliert – schöne Spitäler, attraktive Kulturbauten oder auch eine gut untergebrachte Verwaltung, wenn die Menschen fehlen, die in unserer Stadt wohnen wollen und zu deren gedeihlichem Weiterbestehen beitragen? Wir haben in einzelnen Quartieren eine extrem schlechte Wohnungsstruktur, und wir haben einen deutlichen Bedarf an neuen, insbesondere grossen Wohnungen für Bevölkerungsgruppen, die heute ihre Ansprüche nicht in der Stadt verwirklichen können. Basel weist als Stadtkanton wie jeder urbane Raum einen hohen Anteil an so genannten A-Gruppen in der Bevölkerung auf. Es geht nicht um deren Verdrängung, doch um die damit verbundenen Fragen angehen zu können – um Alterswohnungen zu bauen, um Massnahmen zur Integration der Ausländer, der Arbeitslosen zu treffen – brauchen wir eine solide finanzielle Basis. Und die lässt sich nur über Steuereinnahmen erreichen. Das ist die politische Realität.

Das Neue an der staatlichen Wohnbauförderungspolitik ist trotz des Slogans der «5000 Wohnungen» nicht die Quantität an sich. Wenn wir die Abwanderung junger Familien und guter Steuerzahler aufhalten wollen, müssen wir das entsprechende Umfeld bieten. Die neuen Wohnungen sollen dabei in erster Linie dazu beitragen, die strukturellen Mängel im Wohnungsbau zu beheben. So gesehen ist die heutige Wohnbauförderungspolitik in ihrem Bestreben nach einer guten Durchmischung der Bevölkerung auch Sozialpolitik, in ihrem Anspruch an ein attraktives Wohnumfeld auch Städtebau- und Verkehrspolitik und nicht zuletzt in ihrem Ziel, die zur Sicherung der Sozialleistungen unabdingbare finanzielle Basis bereitzustellen, auch Fiskalpolitik.

Mit welchen Mitteln und Wegen lassen sich diese Ziele umsetzen?

Schumacher: In einem Stadtkanton von 37 km² ist der Handlungsspielraum sehr begrenzt. Das aktuelle Wohnbauförderungsprogramm wird daher auch ein Programm des Stadtumbaus sein. Wir werden zur Verbesserung der Substanz auch mit sehr viel Sorgfalt bestehende Strukturen auf ihr Potenzial für eine mögliche Umwidmung zu Wohnzwecken untersuchen müssen, um dann schliesslich die Ziele in Kooperationen mit privaten Investoren zu realisieren. Der Kanton wird dabei nur in Einzelfällen selbst investieren; er wird aber das Investitionsklima für institutionelle Anleger und private Investoren verbessern.

«Pflege des Bestandes»

Stadion St. Jakob. Private-Public-Partnership, vorgelebt mit dem Projekt Stadion St. Jakobspark, dokumentiert die Verantwortung der öffentlichen Hand, auch bei solchen Investorenmodellen die Qualitätssicherung des architektonischen Produktes einzufordern. Architekten: Herzog & de Meuron, 1999–2002.

Werkstadt

Setzt diese Politik des Private-Public-Partnership nicht auch ein Überdenken und eventuell auch eine Neudefinition der Aufgaben der öffentlichen Hand voraus? Wie sehen Sie, Frau Schneider, als Politikerin und Sie, Herr Schumacher, als Chefbeamter dabei Ihre Funktion?

Schneider: Private-Public-Partnership ist zweifellos eine Entwicklung, die man ernst nehmen muss: Fussballstadion, Antikenmuseum oder auch die inzwischen ebenfalls von privater Seite lancierte Umnutzung eines Industrieareals im Gundeldingerquartier sind mehr als bloss Einzelbeispiele. Diese Entwicklung verlangt in der Tat, dass die öffentliche Hand ihre Rolle klar definiert. Es wäre blauäugig, in Investoren von heute den dem Gemeinwesen verantwortlichen Citoyen von einst zu sehen. Investoren verfolgen ihre eigenen Interessen – was sie auch dürfen und sollen –, und die sind in erster Linie pekuniär.
Wenn bei diesem Modell das Gewicht auf den Begriff der Partnerschaft gelegt wird und er nicht nur eine verharmlosende Umschreibung für das Zurückdrängen des staatlichen Einflusses ist, habe ich keine Probleme, meine Aufgabe als Repräsentantin der Öffentlichkeit zu definieren. Ich vertrete da ganz klar die Haltung: Der Staat hat eine Planungsaufgabe, und die möchte ich niemand anderem überlassen. Ein Areal wie das der oben erwähnten Industriebrache oder auch dasjenige der Deutschen Bahn zu «beplanen» ist eine Pflicht, aus der sich der Staat nicht zurückziehen darf: Hier hat er eine zentrale Aufgabe, und da gilt es, die Partnerschaft – und auch die Ansprüche – möglichst früh anzumelden.

Schumacher: Partnerschaft sollte immer von Gleichwertigkeit getragen sein. Und eine erfolgreiche Zusammenarbeit setzt voraus, dass beide Seiten offen ihre Interessen darlegen und gemeinsam eine Lösung entwickeln, von der beide Seiten, Kanton und Investoren, profitieren. Die Rolle der kantonalen Planung in einer Private-Public-Partnership wäre dabei, wie zum Beispiel im Wohnbauförderungsprogramm mit der Kampagne zur Aufwertung des Wohnumfelds, privaten Partnern ein gut vorbereitetes Umfeld sowie eine hohe Planungssicherheit zu bieten.
Im Moment ist dieses Modell für die öffentliche Hand eine der wenigen grossen Möglichkeiten, trotz knappster finanzieller Mittel Entwicklungen unterstützen zu können. Darüber sollte der Staat aber seine Fernaufgaben nicht aus den Augen verlieren. Wenn die langfristigen Perspektiven nicht ebenso Erfolg versprechend sind, wird dies zukünftige Projekte behindern.

Schällenmätteli. Mit dem Richtplan «Schällenmätteli-Areal» von Herzog & de Meuron wird die Entwicklung dieses Areals im räumlichen Spannungsfeld zwischen Universität und Kliniken vorbereitet.

187

Wie wichtig sind bei der Zusammenarbeit mit privaten Investoren übergeordnete Leitbilder, Visionen, die die generelle Richtung vorgeben, in die sich die Stadt entwickeln soll?

Schumacher: Ich würde den etwas abgegriffenen Begriff der Vision lieber durch «Perspektiven» ersetzen: Eine staatliche Planungsbehörde sollte vermitteln, dass sie für eine konkrete Zukunft plant. Das Dilemma zwischen Konzept und Projekt, Vision und Realität ist der Planung immanent. Um jedoch damit im neuen Jahrtausend umgehen zu können, muss man das Verständnis, das unsere Berufsgattung lange Zeit hatte – nämlich: final zu planen und durch Planung wirtschaftliche, gesellschaftliche Entwicklungen zu steuern – revidieren zugunsten einer offeneren, flexibleren Handhabung.
Heute ist uns bewusst, dass die Zukunft nicht – oder nicht allein – durch Planung machbar gemacht wird: Uns interessieren Perspektiven, die auch Chancen haben, realisiert zu werden. Folglich werden wir für das nächste Jahrzehnt nur die Eckwerte festlegen, die dazwischen genügend Spielraum freihalten zur Mitgestaltung durch die Bevölkerung. Die Heilsbotschaft, die die Planung lange Zeit glaubte verkünden zu müssen, ist mit dem heutigen gesellschaftlichen Wandel überholt – Ideen und Projekte, wie sie in der Werkstadt Basel erarbeitet wurden, hätte die konventionelle Planung nie entwickeln können. Insofern ist das heutige Planungsverständnis sehr viel pragmatischer.

Grenzstadt

Wie aber entwickelt man diese Eckwerte? Was muss Planung leisten, wie konkret muss/darf sie werden?

Schneider: Die Frage, was zu fördern, was einzugrenzen ist, ist immer eine Gratwanderung. Um den Rahmen für diese Entscheidungen abstecken zu können, braucht man zuerst einmal eine Gesprächsbasis. Und die Vorgaben dazu, meine ich, hätten die Planer zu formulieren – mit der Offenheit, sie dann auch wieder zu revidieren. Wie diese Eckwerte ermittelt werden können, zeigt exemplarisch die Planung der Trinationalen Agglomeration Basel (TAB): Hier wurde definiert, in welchen Bereichen Aussagen notwendig sind, die für alle drei Teile – in der Schweiz, in Deutschland und Frankreich – verbindlich sein können. Auf dieser Basis wurden dann Leitbilder entwickelt für Städtebau, Landschaft, Freiraum und innerhalb dieser Themenkreise wird es nun Stück für Stück konkreter.

Schumacher: Über Themen wie Freiraum, Vernetzung oder Nachhaltigkeit lässt sich leichter eine Diskussionsbasis schaffen, als wenn die Entwicklung allein am Bauen festgemacht wird. Wenn wir als Planer zum

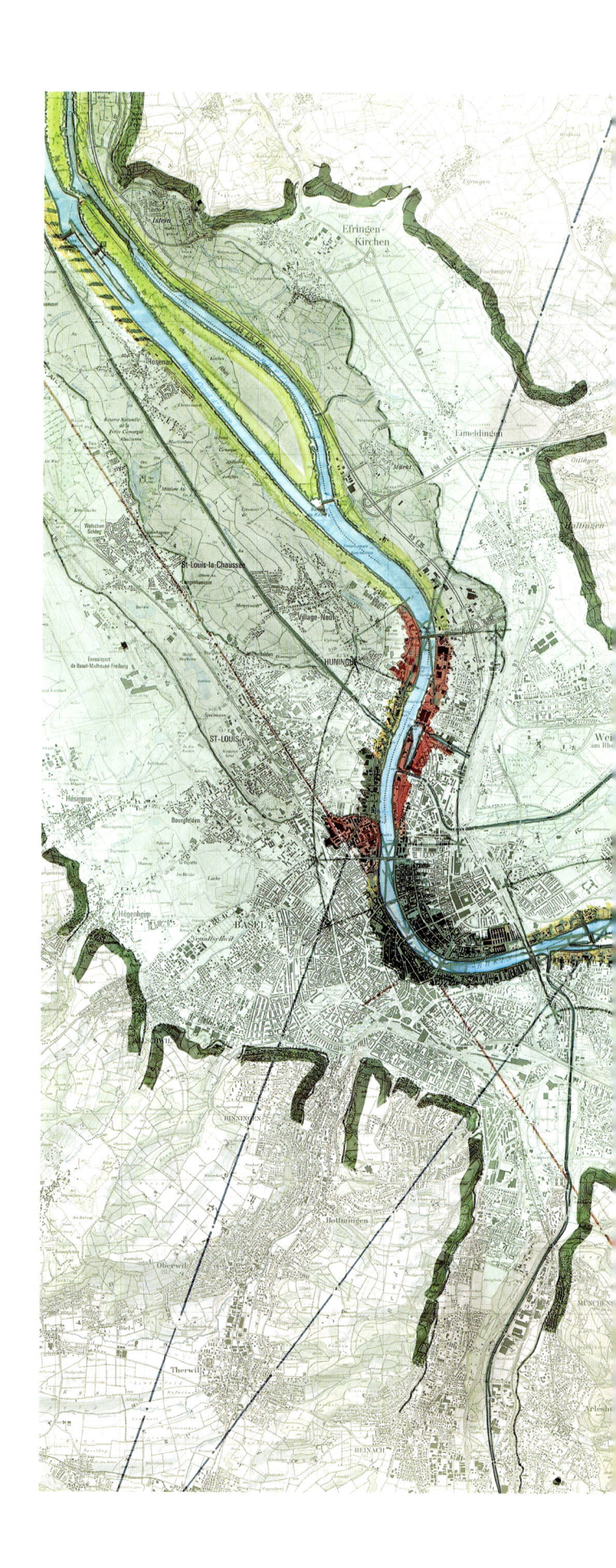

TAB. Die gemeinsame, grenzüberschreitende Planung im Raume der **T**rinationalen **A**gglomeration **B**asel macht deutlich, dass sich die Zukunft Basels als Kernstadt einer europäischen Stadtmetropole mit 600 000 Einwohnern nur in der räumlichen Überwindung der Grenzen und in der Stärkung des Rheinraums gestalten lässt.

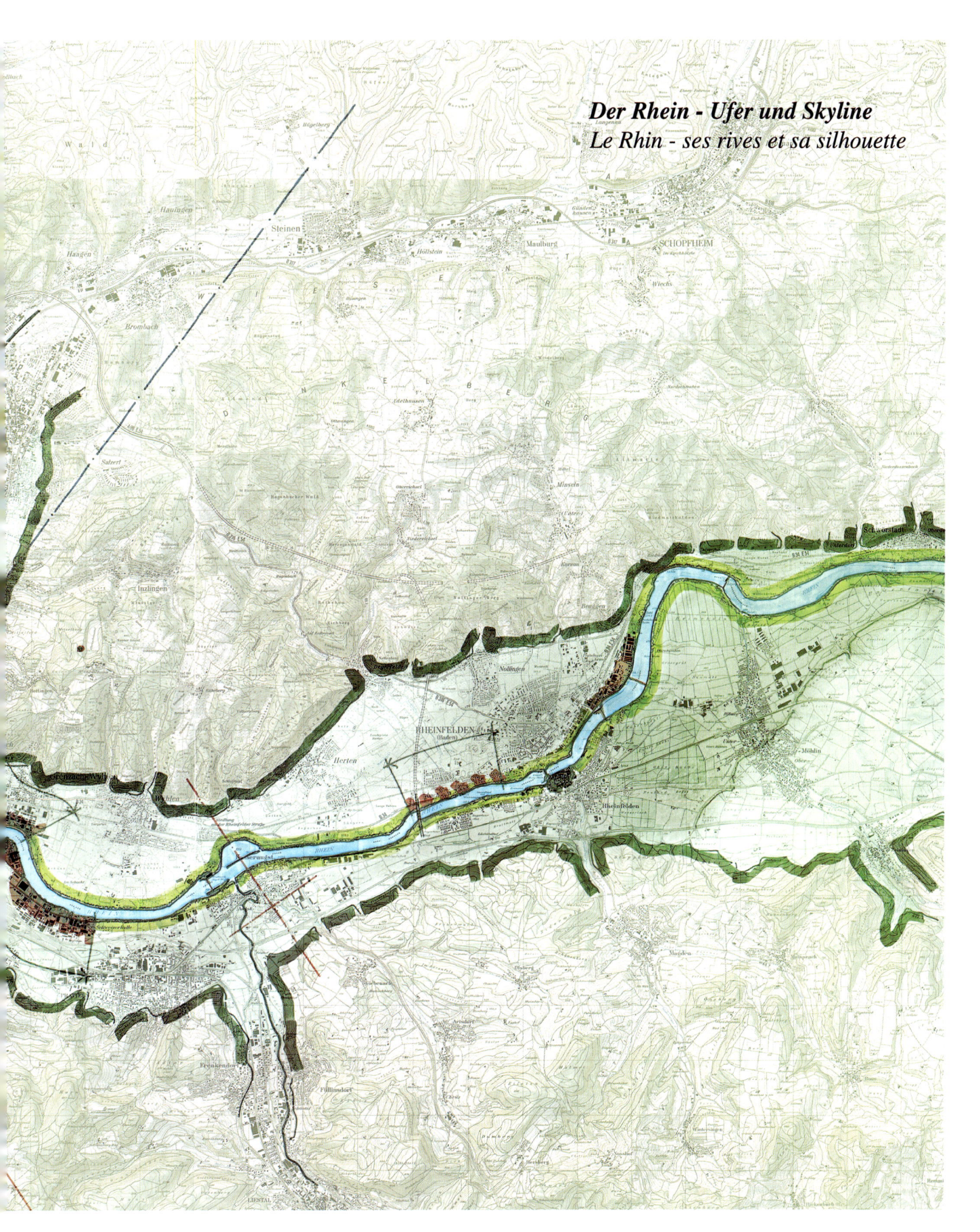

Der Rhein - Ufer und Skyline
Le Rhin - ses rives et sa silhouette

Schaulager Dreispitz. Das Kunst-Schaulager für die Emanuel Hofmann-Stiftung von Herzog & de Meuron wird mit der Eröffnung 2002 einen bedeutenden Impuls für die Entwicklung und Transformation des gewerblichen Dreispitz-Areals auslösen.

Beispiel vermitteln können, dass der für Basel so wichtige Grünraum der Langen Erlen als «Landschaftspark Wiese» auch in der Freiraumplanung für die Gesamtagglomeration eine zentrale Rolle spielt, gibt dies auch wieder ein Stück Vertrauen zurück, dass es bei Planung nicht in erster Linie um Veränderung geht, sondern darum, Bestehendes zu entwickeln. Der zweite Schritt wäre dann, über Initialprojekte gewisse Entwicklungen auf städtebaulicher Ebene exemplarisch vorzubereiten.
Dass diese Strategie Erfolg verspricht, zeigen auch die Diskussionen im Rahmen der Werkstadt Basel. Hier wurde die Bedeutung der Entwicklung des Rheinraums mit einer Kraft und in einem Konsens betont, der zur Hoffnung Anlass gibt, dass diese Zone nicht nur als räumliches, sondern auch als ideelles Rückgrat der trinationalen Stadtagglomeration Stärke entwickeln kann.

Stösst die Planung in einem städtischen Bereich, der so stark von nationalen, kulturellen und natürlichen Grenzen geprägt ist, auf der konkreten Ebene nicht auch sehr bald an praktische Grenzen?

Schumacher: Im Gegenteil – Grenzräume sind Freiräume. Die inneren Grenzen verhinderten ein konturloses Wachstum der Stadt und stellen in der Planung der Trinationalen Agglomeration heute die spannendsten Chancenräume dar. Die jahrhundertealte Grenzentwicklung hat hier sehr viel klarere Situationen geschaffen, die wir heute, in einer Zeit, in der wir Grenzen anders wahrnehmen, auch städtebaulich ganz anders entwickeln können. Der Hafen, die grossen Bahnareale und Industriegebiete, aber auch die grossen Freiräume, die alle an der Grenze liegen, sind heute Elemente mit grossen Entwicklungspotenzialen.

Besteht nicht die Gefahr, dass sich mit der Ausschöpfung dieses Potenzials diese für die Agglomeration so typischen Strukturen verwischen?

Schneider: Die Grenzen abzuschaffen oder zu verwischen ist absolut kein Thema. Dass man sich innerhalb der dicht bebauten Stadt in verschiedenen Kulturräumen bewegt, ist eine Bereicherung und macht ja den Lebensraum hier so attraktiv und spannend. Grenzen sind ein wichtiger Bestandteil der Identität dieses Raums, und die gilt es zu erhalten.
Die heutige Chance liegt darin, dass man diese Grenzbereiche anders formuliert und sie nicht mehr als Trenungslinien wahrnimmt, sondern als Verbindungsorte. Ziel der gemeinsamen Planung ist nicht, die Fragmente miteinander zu verschmelzen, sondern von beiden Seiten her die Teile durch Bindeglieder, Brücken und Passstücke näher zueinander zu bringen. Der Begriff Grenze impliziert ja immer auch zwei Seiten, und damit auch zwei Partner – womit die Grundvoraussetzung gegeben ist, Dinge gemeinsam zu entwickeln.

Wo liegen die grössten Entwicklungspotenziale der Trinationalen Agglomeration Basel?

Schumacher: Ein Blick auf die Karte zeigt, dass die ringförmige Entwicklung der Gesamtstadt in einem Drittelsegment nicht stattgefunden hat, und zwar im Nordwestbogen. Zum Teil liegt dies daran, dass hier die Verbindungsstücke fehlten – und fehlen – und die Grenze da durch den Rhein wenig durchlässig ist. Als grosser zusammenhängender Raum stellt dieser Bereich im Bezug auf die Entwicklungsmöglichkeiten der Gesamtstadt heute die grösste Chance dar.
In anderen Bereichen, wie zum Beispiel am Bachgraben an der Grenze zu Frankreich oder auch bei der bereits erwähnten Grünzone ins Wiesental, schufen die Landesgrenzen klare Zäsuren zwischen Bebauung und Freiraum. Auch sie lassen sich als Verbindungsglieder stärken – nicht durch Bebauung, sondern durch ihre Entwicklung als offene Fläche. Und dann ist da natürlich der schon erwähnte Rheinraum selbst, der nicht nur im engeren Bereich der Kernstadt Basel, sondern von Rheinfelden bis Kembs für die Identität und räumliche Entwicklung der TAB ein grosses Potenzial darstellt.

Bahnhof-Passerelle SBB. Mit der Fertigstellung der Passerelle 2003 wird nicht nur die Neuerschliessung der Perronanlagen sichergestellt, sondern auch ein städtebaulicher Impuls für die Entwicklung des Gundeldinger-Quartiers erwartet. Architekten: Cruz & Ortis mit Giraudi & Wettstein.

Architekturstadt

Um noch einmal auf die Kernstadt und das Thema dieses Buches zurückzukommen: Basel definiert sich in jüngerer Zeit vermehrt auch über Architektur. Ist «Architekturstadt Basel» mehr als nur ein werbeträchtiger Slogan? Kann Architektur die Identität einer Stadt stärken?

Schumacher: Basel kann, was die historische Bausubstanz betrifft, zweifellos eines der besten Erben in Europa vorweisen und spielte in der Architektur nicht erst seit 20 Jahren, sondern im ganzen 20. Jahrhundert eine grosse Rolle. Basel ist heute ein Ort mit einer ausserordentlichen Dichte hochwertiger, interessanter und bekannter Gebäude und den entsprechenden Büros, die sich hier etablieren. Dass darin ein grosses Potenzial steckt, hat sich inzwischen herumgesprochen und wird vom Stadtmarketing ja auch bereits genutzt.
Allerdings wurde Architektur in den letzten 20 Jahren meines Erachtens allzu einseitig über Einzelobjekte und klingende Namen vermittelt. Was dabei zu kurz kam, ist die Sicht auf das Ganze, das Verständnis dafür, dass sich Architektur nicht in individuellen Leistungen erschöpft, sondern zugleich auch als Kollektivbegriff zu verstehen ist: Hier, in der Stärkung des kollektiven Aspekts der Architektur, sehe ich die eigentliche Aufgabe unseres Jahrzehnts. Barcelona kommuniziert da Architektur weit umfassender über die Stadt als grossen öffentlichen Raum.

Der in den 80-er und 90-er Jahren so beliebte Slogan von «Planning by Projects» – die Vorstellung also, mit den richtigen Objekten am richtigen Ort sei Planung abgedeckt – hat sein Potenzial heute erschöpft. Ich sehe die Aufgabe zukünftiger Planung darin, die Qualität des Siedlungskörpers nicht mehr nur über herausragende Einzelleistungen, sondern auch über den öffentlichen Raum und die Stärkung der Strukturen zu heben.

Schneider: Der Ruf als Architekturstadt ist durchaus eine Verpflichtung. Und die von der öffentlichen Hand gepflegte Wettbewerbskultur ist ein Ausdruck dafür, dass wir den erreichten Standard auch in Zukunft beibehalten wollen. Was ich allerdings in der heutigen Architekturrezeption vermisse – und was früher vor Ort, beispielsweise durch den verstorbenen Dozenten an der Schule für Gestaltung, Werner Jehle, weit stärker als Ergänzung hinzukam –, ist die Begleitung durch die Lehre und Forschung. Architektur ist heute sehr viel weniger in die universitäre Kunstgeschichte eingebunden als auch schon. Von dieser Seite nehme ich gegenwärtig kaum einen Impuls oder einen Beitrag zur Diskussion wahr.

Auch die von der öffentlichen Hand initiierten Einzelobjekte stossen in der breiten Öffentlichkeit nicht immer auf einhellige Zustimmung. Wie avantgardistisch darf staatliche Architektur sein? Wie weit darf sie provozieren, brüskieren?

Beleuchtungskonzept. Stadtplan und Nachtbild. Die Gestaltung des öffentlichen Raums wird mit dem Beleuchtungskonzept (Plan lumière) auch in der Nachtwahrnehmung aufgewertet (Konzept HPA-P).

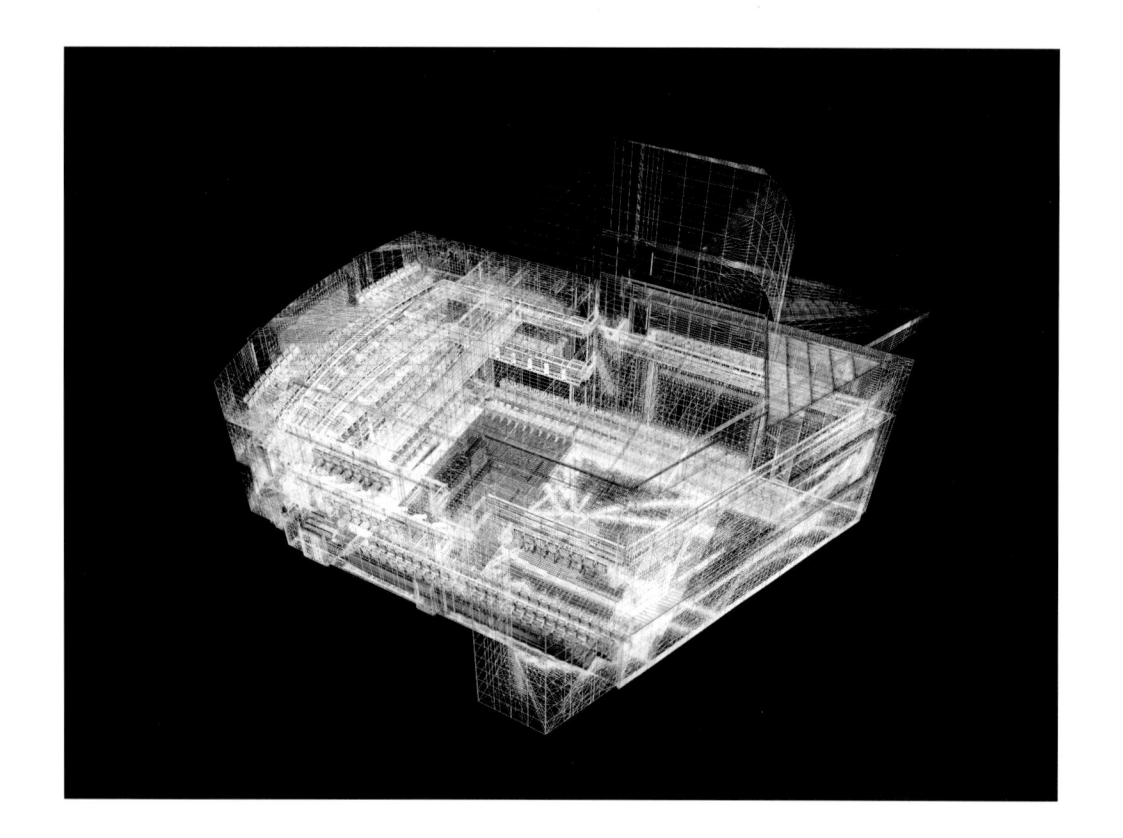

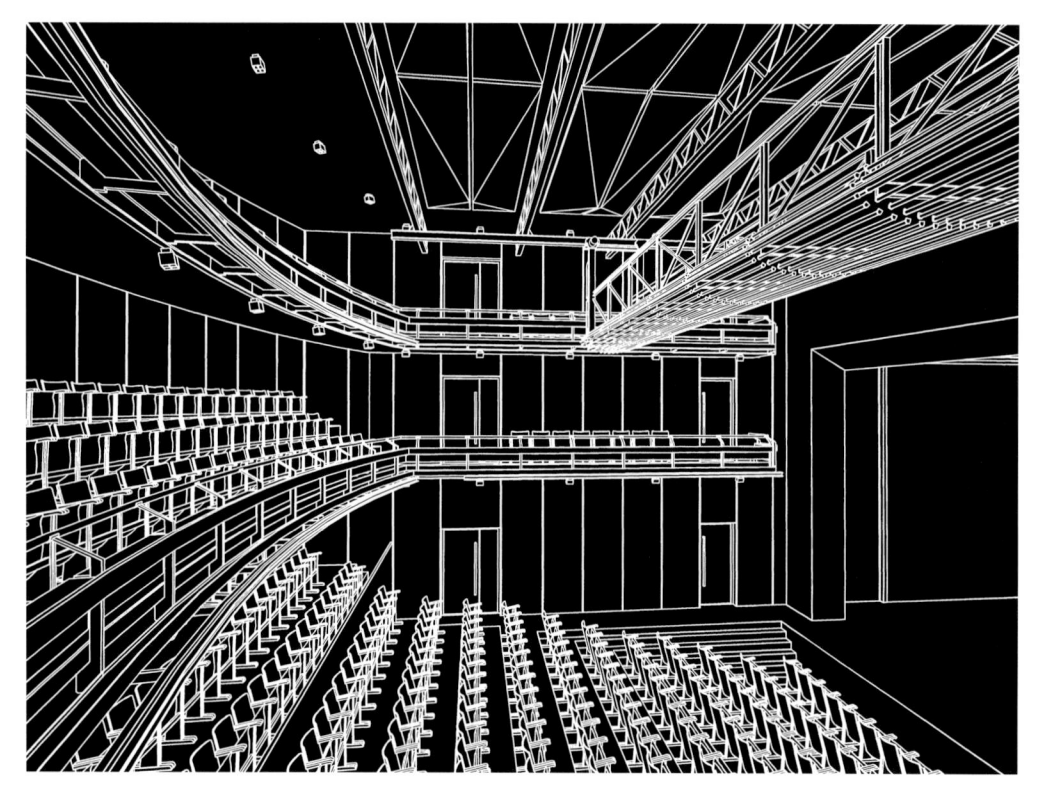

Theater Basel, Schauspielhaus. Bauherrschaft: Kanton Basel-Stadt. Sponsoring: Stiftung Schauspielhaus Ladies First. Generalplaner Schwarz Gutmann Pfister Architekten, Basel. Eröffnung Januar 2002. Drahtmodell des Gesamtprojekts und Strichzeichnung des Zuschauerraums mit Guckkastenbühne.

Schneider: Selbstverständlich darf sie provozieren, aber nie nur um der Provokation willen. Die Bauten des Staates sind nie als Einzelobjekte zu lesen, sondern stets als Bestandteile eines übergeordneten Kontexts. Wenn sich über ein Gebäude eine Diskussion in Gang setzen lässt und der Dialog mit den Verantwortlichen geführt werden kann, darf ein Objekt durchaus auch anecken.

Schumacher: Das Gesundheitswesen beispielsweise ist eine der bedeutendsten Dienstleistungen der öffentlichen Hand. Wenn die Um- und Neubauarbeiten im Spitalbereich fertiggestellt sein werden, wird unser Kantonsspital das modernste Betriebskonzept vorweisen. Schon Hermann Baur war sich als Architekt des alten Spitals der Prominenz einer solchen Bauaufgabe bewusst und schuf einen Bau, der inhaltlich wie formal wegweisend war. Die neuen Bauten der Frauenklinik und der Kantonsapotheke bringen den Willen und die Pflicht, die ganze Frage des Gesundheitswesens auch aus architektonischer Sicht heute erneut zu überdenken, zum Ausdruck, und dieser Beitrag wird langlebig sein. Wenn also wie hier Inhalt und Form eine Einheit bilden und Bauten einen wichtigen Markstein setzen, dann darf und muss ein Staat damit auch architektonisch Zeichen setzen.

Traumstadt

Selbst Politiker und Chefbeamte dürfen neben dem Tagesgeschäft auch einmal träumen. Wie, Frau Schneider, würde sich Ihr Wunschbasel in 10 Jahren präsentieren?

Schneider: Als eine Stadt, die geprägt ist von einer lebendigen, permanenten Auseinandersetzung mit dem Thema «Wahrnehmung des Stadtraums», bei der die Stadt in ihrer Widersprüchlichkeit als Lebens-, als Arbeits- und Begegnungsort im Vordergrund steht und nicht die eher kleinräumig geprägten Einzelinteressen. Und mit einem politischen Umfeld, in dem neben dem Tagesgeschäft die Freiheit besteht, grossräumig zu denken und gemeinsam langfristige Perspektiven zu entwickeln.

Und wenn Sie, Herr Schumacher, für die nächste Dekade drei Wünsche frei hätten: Welche wären es?

Schumacher: Ich wäre schon mit der Erfüllung zweier Wünsche zufrieden: In weiteren 10 Jahren sollte der erwähnte Negativ-Katalog der A-Stadt durch mindestens zwei positive Inhalte abgelöst sein: dass Basel dann eine Aufsteigerstadt ist, die den Bewohnerinnen und Bewohnern die Chancen bietet, sich im Einklang mit ihrer Stadt zu entwickeln. Und dass Basel eine Architekturstadt ist im oben angesprochenen Sinn, in der sich die Qualität der Bauten mit derjenigen des gesamten Stadtraums deckt.

Kantonsspital Basel. Sanierung Klinikum 1 West, Neubau Operationstrakt der Frauenklinik, Gmür · Vacchini Architekten, Bezug: März 2003.

Lohnhofsanierung. Beispiel für einen gelungenen Umbau des alten Gefängnisbaus zu einem Hotel durch die Architekten Buol & Zünd, Basel (Ausschnitt Fassade).

WERKVERZEICHNIS

FOTONACHWEIS

LITERATURNACHWEIS

01 02 03 04

05 06 07 08

09 10 11 12

Nr		Objekte	Architekt	Auftraggeber	Projektleitung
01	1990	Engelhof Institutsgebäude	S. Gmür und Vischer AG	Kanton	Werner Vetter
02	1991	Wohnhaus Schützenmattstrasse, Neubau	Herzog & de Meuron	Pensionskasse des Basler Staatspersonals	Carl Fingerhuth
03	1991	Lehrwerkstätte für Mechaniker, Neue Garderobe	Fierz & Baader	Kanton	Josef Henrich
04	1991	Bäumli Gerichtsliegenschaften, Umbau Sanierung	Burckhardt + Partner	Kanton	Hans-Rudolf Holliger
05	1991	Kindergarten Zähringerstrasse, Neubau	Morger & Degelo	Kanton	Bruno Chiavi
06	1991	Schiffsstation Elsässerrheinweg, Neubau	Wilfrid und Katharina Steib	Kanton	Albert Bavaud
—	1992	Alters- und Pflegeheim St. Alban Breite, Neubau	Ritter Giger Nees Beutler	Ökumenische Stiftung	Ernest Voyame
07	1993	Wohnhaus u. Kindergarten Müllheimerstrasse, Neubau	Morger & Degelo	Kanton	Bruno Chiavi
08	1993	Mehrfamilienhaus Bungestrasse, Neubau	Michael Alder	Pensionskasse des Basler Staatspersonals	Roman Arni
09	1993	Insel-Schulhaus, Garderobeneinbau	Gysin + Schmid	Kanton	Bernhard Orschulko
10	1993	Garderoben Sportanlage St. Jakob, Neubau	Scheiwiller und Oppliger	Kanton	Hans-Rudolf Holliger
11	1993	Wohnhaus J. Gausstrasse, Neubau	Jura Oplatek	Private	Roman Arni
12	1993	Wohnhaus J. Gausstrasse, Neubau	Ernst Spycher	Private	Roman Arni

WERKVERZEICHNIS

13	1993	Wohnhaus Burgfelderstrasse, Neubau	Erny, Gramelsbacher, Schneider	Private	Roman Arni
14	1993	Schreinerei Lehrbetriebe, Neubau	Fierz & Baader	Kanton	Ernest Voyame
—	1993	Alters- und Pflegeheim Adullam, Umbau	Gilgen & Stebler	Stiftung	Albert Bavaud
15	1994	Tagesschule Bachgraben, Einbau	Ackermann & Friedli	Kanton	Bruno Chiavi
16	1994	Hebel-Schulhaus Riehen, Neubau	Rolf Brüderlin	Kanton	Hans Rudolf Mühlemann
17	1994	Kantonsspital Klinikum 1 Ost, Sanierung	«Arge S. Gmür / Berger+Toffol / K. Nussbaumer / S+S»	Kanton	Werner Vetter
18	1994	Rheinbad Breite, Sanierung	Scheiwiller und Oppliger	Kanton	Roman Arni
19	1995	Sportanlage Rankhof, Neubau	Michael Alder	Kanton	Albert Bavaud
20	1995	Sportanlage Pfaffenholz, Neubau	Herzog & de Meuron	Kanton	Roman Arni
21	1995	Gundeldinger-Casino, Neubau	Architeam 4	Private	Albert Bavaud
22	1995	Untersuchungsgefängnis + Staatsanwaltschaft, Neubau	Wilfrid und Katharina Steib	Kanton	Hans Rudolf Mühlemann
23	1995	Burg-Schulhaus, Neu- und Umbau	Gerhard Kaufmann	Kanton	Hans Rudolf Mühlemann
24	1995	Sportamt, Einbau	Hochbau- und Planungsamt	Kanton	Roman Arni

Nr		Objekte	Architekt	Auftraggeber	Projektleitung
25	1995	Wasgenring-Schulhaus, Erweiterungsneubau	Peter Zinkernagel	Kanton	Albert Dysli
26	1996	Dreirosen-Schulhaus, Sanierung und Neubau mit Turnhalle	Morger & Degelo	Kanton	Roman Arni
27	1996	Ackermätteli-Schulhaus, Neubau	Ackermann & Friedli	Kanton	Albert Bavaud
28	1996	Kaltbrunnen-Schulhaus, Neubau	Wymann & Selva	Kanton	Albert Dysli
29	1996	Vogesen-Schulhaus, Neubau	Diener & Diener	Kanton	Ernest Voyame
30	1996	Margarethen-Schulhaus, Neubau	Beyeler & Partner	Kanton	Ernest Voyame
31	1996	Turnhalle Gotthelf-Schulhaus, Sanierung, Einbau	Buol & Zünd	Kanton	Josef Henrich
32	1996	Allgemeine Gewerbeschule, Umbau Maurerhalle	Michael Alder	Kanton	Bernhard Orschulko
33	1996	Anatomisches Institut, Anbau und Sanierung	Fierz & Baader	Kanton	Ernest Voyame
34	1996	Alters- und Pflegeheim Marienhaus, Neubau	Wilfried u. Katharina Steib	Ökumenische Stiftung	Albert Bavaud
—	1996	Alters- und Pflegeheim St. Johann, Neubau	Ritter Giger Nees Beutler	Stiftung	Albert Bavaud
35	1996	Restaurant Dreiländereck, Neubau	Bruno Larghi / Lukas Dietschy	Kanton	Hans-Rudolf Holliger
36	1996	Wohnsiedlung Burgfelder-/Waldighoferstrasse, Neubau	Arch-Co / R. u. L. Senn	Kanton	Roman Arni
37	1996	Mehrfamilienhaus Schützengraben, Umbau Sanierung	Berrel Architekten	Kanton	Josef Henrich
38	1996	Turnhalle Niederholz Riehen, Neubau	Steinegger & Hartmann	Kanton + Gem. Riehen	Georges Tomaschett

39	1996	Mehrfamilienhaus Klybeckstrasse	Morger & Degelo	Kanton	Roman Arni
—	1996	Erweiterung / Restaurierung Gewächshäuser Botanisches Institut	Staehelin, Gisin, Kurz	Kanton + CMS	Albert Dysli
40	1996	Gaszentrale Kantonsspital	Andrea Roost	Kanton	Urs Borner
41	1997	Gundeldinger-Schulhaus, Umbau	Brogli & Müller	Kanton	Ernest Voyame
42	1997	Gartenbad Eglisee, Gesamtsanierung	Steinegger & Hartmann	Kanton	Hans-Rudolf Holliger
43	1997	Drei Linden-Schulhaus, Neubau	Vischer AG	Kanton	Albert Dysli
44	1997	Alters- und Pflegeheim Stiftung Kannenfeld, Neubau	Silvia Gmür	Kanton	Albert Bavaud
45	1997	Wohnheim für behinderte Erwachsene, Neubau	Dill Christian	Kanton	Roman Arni
46	1997	Psychiatrische Universitätsklinik Gebäude P, Umbau	Burckhardt + Partner	Kanton	Werner Vetter
47	1998	Leonhard-Schulhaus, Neubau	Burckhardt + Partner	Kanton	Albert Dysli
48	1998	Staatsarchiv, Fassadensanierung	Vischer AG	Kanton	Josef Henrich
—	1998	Gymnasium Münsterplatz, Umbau Aula	Erny und Schneider	Kanton	Albert Dysli
—	1998	Wohnheim Mülheimerstrasse, Umbau, Sanierung	Berger & Toffol	Kanton	Albert Bavaud
—	1998	Mehrfamilienhaus Kohlenberg 29, Umbau, Sanierung	Gass & Partner	Kanton	Albert Bavaud

Nr		Objekte	Architekt	Auftraggeber	Projektleitung
49	1999	Pharmazentrum, Neubau	Andrea Roost	Kanton	Urs Borner
50	1999	Erweiterung Berufsfeuerwehr	François Fasnacht	Kanton	Hans-Rudolf Holliger
51	1999	Helilandestation Kantonsspital	François Fasnacht	Kanton	Werner Vetter
52	1999	Turnhalle Klingental, Sanierung	Brogli & Müller	Kanton	Bernhard Orschulko
53	1999	Sevogel-Schulhaus, Garderobe	Walter Eisenring	Kanton	Hermann Ochsner
54	1999	Baudepartement, Fassaden- und Innenhofsanierung	Hochbau- und Planungsamt	Kanton	Hans-Rudolf Holliger
55	1999	Schlachthofsanierung	Burckhardt + Partner	Kanton	Elizabeth Bibby
56	1999	Baudepartement, Dachausbau	Hochbau- und Planungsamt	Kanton	H.-R. Holliger/E. Bibby
57	1999	Kunsteisbahn Margarethen, Schallschutzeinbauten	Berrel Architekten	Kanton	Kilian Sattler
58	1999	Kindergarten Umbau Höhenweg	A. Scheiwiller	Kanton	Hermann Ochsner
—	1999	Gartenbad St. Jakob, Sanierung	Gnehm + Schäfer	Kanton	Elizabeth Bibby
59	2000	Spitalapotheke, Neubau	Herzog & de Meuron	Kanton	Urs Borner
60	2000	Volta-Schulhaus, Neubau	Miller & Maranta	Kanton	Ernest Voyame
61	2000	Musikmuseum, Einbau	Morger + Degelo	Kanton	Bruno Chiavi
62	2000	Holbein-Schulhaus, Fassadensanierung	Brogli & Müller	Kanton	Albert Dysli
63	2000	Psychiatrische Universitätsklinik Tierstall, Neubau	Hochbau- und Planungsamt	Kanton	Urs Rudin

64	2000	Wohnsiedlung Rheinacker, Sanierung	RAPP AG	Kanton	Bernhard Orschulko
—	2000	Kunstmuseum, Sanierung	Berger & Toffol	Kanton	Hans-Rudolf Holliger
—	2000	Jugendstaatsanwaltschaft, Umbau	Flubacher, Nyffeler	Kanton	Hermann Ochsner
—	2000	Berufsschulen im Gesundheitswesen, Sanierung	Hartmann & Stula	Kanton	Thomas Fries
65	2001	Antikenmuseum, Anbau Ägyptische Sammlung	Alioth Langlotz Stalder Buol	Kanton	Hans-Rudolf Holliger
66	2001	Historisches Museum, Münsterschatzausstellung	Morger & Degelo	Kanton	E. Bibby / W. Imholz
—	2001	Kinderheim auf dem Gellert, Sanierung u. Aufstockung	Schwob und Sutter	Private	Roberto Masoch
—	2001	Pavillon Schützenmattpark, Projektwettbewerb	Barcelo + Baumann	Kanton	Roberto Masoch
—	2001	Theater Schauspielhaus, Neubau	Schwarz Gutmann Pfister	Kanton + Private	Hans-Rudolf Holliger
67	2001	Polizeiposten Strassburgerallee, Neubau	Zwimpfer & Partner	Kanton	Albert Dysli
—	2001	Alemannengasse 29, Umbau	Gian Fistarol	Kanton	Johannes Bühler
—	2002	Kantonsspital Klinikum 1 West, Sanierung und Anbau	Generalplanerteam K1 West (S. Gmür, P. Stocker, Eicher & Pauli); GU Göhner Merkur	Kanton	Th. Blanckarts / U. Leuenberger
—	2002	Psychiatrische Universitätsklinik Bau U+S, Umbau + Erweiterung	Arge Amrein Giger Wymann	Kanton	Thomas Fries
68	2002	MFH und Kindertagesheim Riehenring 201, Neubau	Trinkler Engler Ferrara	Kanton	Friedrich Weissheimer

FOTONACHWEIS

Alle Fotografen und Fotografinnen stammen, wenn nicht anders vermerkt, aus der Region Basel.

Hauptteil (bis S. 195)

Aerni, Georg, Zürich
Archico   16
Archiv HPA   89 m
Bättig, Bruno   178
Bernauer, Ludwig   127
Biondo, Adriano   51
Blaser, Werner   128, 130, 132–133
Bühler, Martin   140
Burckhardt Jacques   16 m
Coulot, Fabian   185
Cruz + Ortiz / Giraudi + Wettstein   192
Diener & Diener   52–53
Fontana Michael   16 o
Giese Andre   72, 75
Hasenböhler, Serge   176
Helbling, Andrea + Ineichen, Arazebra, Zürich
    26–27, 34–35, 116
Helfenstein, Heinrich, Adliswil   44–47, 76–79, 101 r,
    179
Henz, Hannes, Zürich   60, 62 o
Herzog & de Meuron   186–187, 190
Historisches Museum   143 l
Hochbau- und Planungsamt   188–189, 193
Hubbard + Birchler, Austin/USA   177
Jecklin, Cilla   146 n, m, 147
Kawara, Tom   146 o
Kunsthalle, Basel zVg   142
Lichtenberg, Christian   68, 69 m, 70–71
Mathys, Max   115, 168
Münchhalfen, Hans, D-Lörrach   16
Naas + Bisig   19, 32, 49, 66, 69 o, 69 u, 82, 108,
    124, 126, 151, 162–164, 172–175, 195 o
Regent AG   117
Riegger, Josef   144–145
Scherrer, Theo   104–105, 148–150
Siegfried AG   166–167
Spiluttini Margaritha, Wien   Umschlag (Ausschnitt),
    18, 19, 20, 21, 91–93, 118–120
Steinbrecher, Erika   180
Trinkler Engler, Tamara   184
Voegelin, Andreas F.   84, 85 r, 89 r, 99 u, 143 r, 169
Vogt, Christian   55 o r, 165
Waldmeier, Daniel   194 (beide 3-D-Zeichnungen)
Walti, Ruedi   22–25, 36–43, 48, 50, 56–59,
    61 o r, 62 u, 63, 73–74, 89 u, 94–99, 101–103,
    134–136 r, 137, 152–153, 155–156, 161, 171
Weissheimer, Friedrich   11, 17
Wicky, Gaston, Zürich,   112, 114
Ziegler, Christa   170–171 o, m

Werkverzeichnis (S. 198–203)

Arni, Roman   Nr. 24
Blaser, Werner   Nr. 22
Bondi, Adriano   Nr. 28
Bräuning, Niggi   Nr. 03, 06, 10, 25
Burckhardt, Jacques   Nr. 37
Carrasco, Francisco   Nr. 5
Diener & Diener   Nr. 29
Eisenring, Walter   Nr. 53
Erny & Schneider   Nr. 13
Fischer, Annette   Nr. 51
Fontana, Michael   Nr. 36, 57
Giese, André   Nr. 14, 33
Helbling Andrea + Ineichen Arazebra, Zürich   Nr. 8
Helfenstein, Heinrich, Adliswil   Nr. 27, 49
Hut, Ralph   Nr. 9
Keller, Roland   Nr. 4
Lichtenberg, Christian   Nr. 21
Meneghetti, Franco   Nr. 48
Moeschlin, Peter   Nr. 55
Münchhalfen, Hans, D-Lörrach   Nr. 12
Oplatek, Zuzana   Nr. 11
Riegger, Josef   Nr. 21
Rudin, Urs   Nr. 63
Scherrer, Theo   Nr. 43
Spiluttini Margaritha, A-Wien   Nr. 02, 20, 59
Kehl, Lilly   Nr. 23
Trinkler Engler Ferrara   Nr. 68
Voegelin, Andreas F.   Nr. 16, 30–31, 41, 52, 62
Walti, Ruedi   Nr. 07, 15. 18, 26, 34, 39–40, 50, 54,
    56, 58, 60–61
Weissheimer, Friedrich   Nr. 64
Wicki, Gaston, Zürich   Nr. 19
Wolf AG   Nr. 46

Die Herausgeber danken den Planerinnen und Planern für die Überlassung von Abbildungsmaterial und Zeichnungen.

LITERATURNACHWEIS

Architekturmuseum Frankfurt, *Schweiz / Architektur im 20. Jahrhundert*, München 1998
Baudepartement Basel-Stadt, *Bauten für Basel*, Basel 1988
Dorothee Huber, *Architekturführer Basel*, Basel 1993
Lutz Windhöfel, *Architekturführer Basel 1980–2000*, Basel 2000
Lutz Windhöfel, *Drei Länder, eine Stadt,* Basel 1997